12生肖
密碼完全大破解

六分儀 ◆ 編著

達人館：02

12生肖密碼完全大破解

編　著　六分儀
出 版 者　讀品文化事業有限公司
執 行 編 輯　林美玲
社　　址　22103　新北市汐止區大同路三段 194 號 9 樓之 1
　　　　　TEL／(02)86473663
　　　　　FAX／(02)86473660
總 經 銷　永續圖書有限公司
劃 撥 帳 號　18669219
地　　址　22103　新北市汐止區大同路三段 194 號 9 樓之 1
　　　　　TEL／(02)86473663
　　　　　FAX／(02)86473660
E-mail　yungjiuh@ms45.hinet.net
網　　址　www.foreverbooks.com.tw
法 律 顧 問　中天國際法律事務所　涂成樞律師、周金成律師

出 版 日　2011年11月

國家圖書館出版品預行編目資料

12生肖密碼完全大破解/ 六分儀 編著.
-- 初版. --新北市：讀品文化，民100.11
面：　　公分. --（達人館：02 ）
ISBN 978-986-6070-15-0（平裝）

293.1　　　　　　　　100019290

前言

　　職場裡，怎樣和你的上司打好交道，讓職位和薪水一升再升？怎樣和同事和諧共處，創造更好的發展機遇？你的理財思路跟生肖之間到底有怎樣的關係？

　　讓我們一起透視十二生肖的神奇魔鏡，看看自己的性格密碼，瞭解自己的人生軌跡，找尋與人和諧共處的密碼，探求自己的財富之路！如何與你身邊的十二生肖人相處，修煉與不同生肖共處的獨門秘訣，你將擁有暢通和諧的人際關係！從現在開始，停止盲目的行動，科學運用生肖的奧秘和知識，瞭解生肖主宰你思維和命運的神秘影響力，你就能更深入的認識自己、認識身邊的人，能更好的實現自己在人際、事業各個領域的目標，讓你從此不再盲目，暢遊天地之間！

鼠

老鼠總是給人一種機警、靈敏的感覺。所以受這種動物屬性的影響，大多頭腦聰穎靈活，具有超強的洞察能力。他們記憶力很好，非常喜歡思考問題、獨具慧眼，具備隨機應變和臨危不懼的優秀品質。

牛

牛的本性就是腳踏實地、任勞任怨。所以大都做事踏實、處事低調、值得信賴、溫文儒雅、總是顯得有條不紊。他們勤勉低調，很有事業心和責任感。可以說哪裡有責任，哪裡就有他們。

虎

老虎象徵著權力、熱情和大膽。受這種藏匿於身體裡的獸性趨勢，他們是一個勇敢大膽、引人注目並熱情激昂的人物。活力和對生活的樂觀具有感染力，吸引人的老虎會受到大家的敬畏。

兔

兔子是仁慈、文雅和愛美的象徵。温柔的言辭和慈善膽怯的生活方式總是讓人印象深刻。喜歡和平、安靜和愜意的環境。很含蓄，愛藝術、淡泊名利，很懂得生活的樂趣。

龍

神話傳說中的龍，宏偉、巨大的形象總給人無限遐想。屬龍的人也是寬宏大量，時刻充滿生氣和力量。他們驕傲、積極、爭強好勝、要求極高，總是在無意之間釋放出令人艷羨的光芒。

蛇

屬蛇的人是十二屬相中最具有神秘感，最不可思議的人物。難以捉摸、喜歡探索新事物是他們的特質。文雅、斯文的他們很愛讀書，喜歡藝術，是天生的發現家。求知慾旺盛，常被生活中所有美好的東西吸引。

馬

生於馬年的人性格開朗、思維敏捷、裝扮入時、善於辭令、洞察力強。他們活潑開朗、性格外向、精力充沛、做事幹練能承擔責任。懂得享受生活中的快樂，愛好智力鍛煉及體育活動。對人慷慨，是個十足的樂天派。

羊

羊是最富溫情的屬相。出生於這一年的人，大多吃苦耐勞、樂善好施。往往為人正直、親切，容易被別人的不幸經歷所感染。脾氣溫順甚至有點羞怯，有顆純潔、善良的心，所以容易受到別人的愛戴。

猴

靈巧的猴子總是給人一種不怕困難、堅定不移的印象。他們熱情自信、聰明機智、精明能幹、富有實踐精神；責任心強，十分懂得與人合作。不管是多麼害羞的他們，內心總有一股堅定不移的焰火。

雞

雞年出生的人，大都十分善於幻想和策劃。他們是代表「富於幻想，行俠仗義」的唐吉柯德式人物。熱愛想像、極富創造力、善於策劃、洞察力強，有時能用幾天的時間就把一生都規劃好。

狗

狗總是以機警靈敏、敦厚忠誠的性格受世人喜愛。狗年出生的人，為人直率真誠、好打不平。他們感覺靈敏、直覺極準，往往是未來的「先知」，對事物的洞察力極強，直覺常準的讓人驚歎。

豬

屬豬的人在人群中屬於樸實無華之列，卻有著獨到見解。他們性情溫順，永遠不會做出「置人於死地」的事。崇尚物質追求、不吝嗇，喜歡跟別人分享自己的所有。他們十分熱衷於社會工作和慈善事業，對物質和現實世界的追求遠遠高於精神。

目錄

第二章 　　　　　　　　　　　　　**0 6 0**

人際若暢通，則成功無阻！
與不同生肖的相處獨門秘訣！

怎樣讓職位和薪水節節高升！
天生的方向，人定的高度！

第四章

為什麼你現在還是窮人？
萬千財富計劃，盡在生肖之中！

第一章

尋找隱匿於**骨子裡的獸性**
透視生肖魔鏡，破解性格密碼！

　　十二生肖，十二種動物屬性。隨著你出生，那些隱匿在你骨子裡的獸性就不知不覺影響著你的性格。生肖蘊含著影響人們行為的密碼，越早瞭解其中的密碼，你就會離成功越近。你是哪一種生肖？你具有哪些不可擺脫的天生「獸性」？讓我們一起透視十二生肖的神奇魔鏡，看看自己的性格密碼，瞭解自己的人生軌跡！

生肖◆鼠
超凡的靈敏度，非凡的洞察力！

如果你看到一隻老鼠，這一秒你還處於反應階段，而下一秒牠早已不見蹤影了。鼠的最大特點就是機警靈巧，他們具有超凡的洞察力和靈敏度，往往頭腦靈活，懂得隨機應變。

鼠年出生的人，記憶力超群。他們非常喜歡提問題，而且提的問題也很特別，這一點從幼年就開始顯露出來。很瞭解周圍每一個人發生的每一件事，就好像被他們記下了一樣。也正是這種極強的洞察力，使得他們大多有優秀作家的天賦。

而且，搜集消息、探聽各種秘密的能力也讓人佩服，他們喜歡看熱鬧，有點愛管閒事，但用意卻多半是好的，這也是老鼠無孔不入的本性決定的。

你大可不必為他們的安全問題擔憂，因為這年出生的人，具備天生預測危險的能力。

　　他們機敏靈活，在做每件事之前都會想好退路。一旦情況不對，也會立刻迅速全身而退。自衛的本能，是與生俱來的，他們總會做好兩手準備，善於趨利避害。

　　如果你想盡快擺脫麻煩，那麼最好的辦法就是遵循他們幫你出的主意，因為他們通常能在第一時間就想到風險最小的方案。

　　因為生肖象徵著隨機應變，所以這一年出生的人無論做什麼事情都會更容易成功。他們往往能夠克服重重困難，不管遇到什麼危險和不測，總能臨危不懼，冷靜做好策略規劃，直到最終達到目的。

　　災難、不測、意外等情況只會讓他們的智慧更加顯得出眾。

　　因為冷靜、果敢、機警，具有敏銳的觀察能力及做生意的遠見和敏感，所以他們很適合自己創業，而且一般會獲得成功。

　　要找到一個窮困潦倒的鼠幾乎是不可能的，因為體內的隨機應變、機警智慧，使得他們不管面對何種境遇都能很冷靜、迅速的想好應對方案。

他們絕對不會任由情況繼續壞下去，因為骨子裡潛藏的「防禦裝置」能夠幫助他們擺脫困境，渡過難關。如果不幸生意失敗，也不會沉淪萎靡，他們的頭腦會迅速轉動，憑藉自己非同一般的洞察力發現更大的商機，進而扭轉乾坤。

由於機敏和趨利避害的本能，十分懂得揚長避短，一旦從事自己喜歡的事業，總能堅持不懈的努力奮鬥。而且天生的累積慾讓他們酷愛累積財富，而且往往充滿鬥志和雄心。

這種屬相的人一般最終會變得富有，也是鼠這種原始力量的作用。

但是，野心勃勃和好高騖遠卻是他們前進過程中的絆腳石。如果發展為貪婪，往往容易顧此失彼，精力分散，事倍功半。

一生中，在懂得貪婪有弊無益之前，至少要遭受一次的打擊才會「長一智」。

如果能克服貪心並學會適當的忍讓，那麼他們生活的道路會很順利。

生肖◆牛
低調是我一生的哲學！

勤懇忠厚、從不張揚的牛，一直是人們的好幫手，牛年出生的人也一直是低調處事的典範。他們為人毫不張揚，腳踏實地，穩重負責，誠實勤勉，從不感情用事。低調的處事作風，使得屬牛的人很容易憑藉不懈的奮鬥而獲得最終成功。

牛年出生的人，在工作上往往能獲得上級的信任與肯定。

他們勤奮穩重，敢於承擔責任，能給人一種很靠得住的踏實感。與生俱來的低調哲學，是他們的處事之道。

他們很有責任感卻從不愛吹噓，總是認為每個人都應該盡職盡責，兢兢業業做好分內的事情，很討厭那些專門扯後腿的人，不希望別人為他們的工作設障礙。

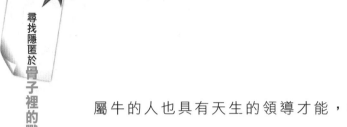

　　屬牛的人也具有天生的領導才能，很會用紀律約束和激勵別人，但是常常給人一種過於嚴肅和嚴厲的印象。

　　低調的他們很有自信，不容易妥協，單憑感情很少能改變他們的想法，這一年出生的人總是支持可靠、確切有把握的方案。

　　牛象徵著透過艱苦努力而獲得成功的品質，受骨子裡的這種特質的影響，他們是一個很有耐心、不知疲倦的工作者。且安靜、溫文爾雅，總是顯得有條不紊；道德觀和尊嚴感強，不願意憑不公正的手段來達到目的；誠實、勤懇，不做作和堅實的原則性，使得他們很受人尊敬和愛戴。

　　而屬牛的領導者總能用其低調處事的作風，勤懇真誠的態度感召下屬，使得在他領導下的員工變得十分忠誠。

　　牛年出生的人堅持固定的模式，尊重傳統觀念，總是精確的按照人們所期望的去做，所以你幾乎不用想就都知道他們會怎麼做。

　　一絲不苟的他們認為只有按部就班的做事情，才

能永遠立於不敗之地。

　　屬牛的人頭腦不是雜亂無章的，別人絕不會發現他們靠運氣或拖泥帶水在混日子。

　　其他屬相的人可能靠一時的機遇和別人的指點來完成的事情，而屬牛的人則完全靠堅忍的意志和奉獻精神來實現自己的遠大目標。

　　但是不管獲得多麼大的成功，他們頂多也只是高興的喝幾杯酒，吹嘘和誇誇其談絕對不會發生在他們身上。

　　相反的，在經過勝利的喜悅後，他們並不會沉溺其中，而是繼續埋頭工作，向下一個目標衝刺。

　　世俗的偏見對他們來説是無所謂的，屬牛的人會全心全意去完成他們要做的工作，而且很討厭半途而廢。

　　仔細觀察你會發現，他們雖然不愛張揚，處事低調，但是從來不會因為困難而退縮。

　　説到做到是他們一生恪守的原則。

　　他們低調，富有耐心，所享有的成功完全是自己的力量拚來的。也是優秀的工作者，遵守紀律，從不

願在生活中放蕩不羈，很少做一些哪怕是別人認為有一點點「叛逆」的事情來，總是循規蹈矩、盡職盡責的堅守自己的責任。

牛年出生的人很少發脾氣，一般具有神奇的忍耐力，這也是受低調處世哲學的影響。

生活中的他們是值得信賴、懂得為別人著想的可靠朋友。

他們聰穎而優秀的氣質，往往被外表的低調和矜持所掩蓋，如果能注意培養更多的幽默和熱情，則人生將會更加幸福精彩。

生肖◆虎
天生的領導者，勇氣的代言人！

在東方，老虎一直是權力、熱情和勇氣的象徵。屬虎的人也因此具備天生的領導才能，他們積極並且富有活力，引人注目，好像天生有聚集人氣的氣場一樣。勇敢果斷，總有一股雷厲風行的氣勢。總之，他們是天生的領導者，更是勇氣的代言人。

在童年時期，虎年出生的人便會表現出極富感染力的領導才能，他們活潑好動，樂觀積極，很容易吸引別人的注意力，成為引人注目的焦點。

他們感情豐富，極富激情和感召力，也很有戰略眼光。

也正是這種超凡的自信和魄力，使得他們在團體中很容易便脫穎而出，成為令人信服的領導者。

屬虎的領導者做事雷厲風行很有遠見，他們決策能力驚人，不喜歡用傳統思維解決問題，總是有各種

新奇和突破的點子，往往能讓其下屬欽佩不已。

在一個團隊中就算暫時還不是領導者，也會由於其自身有意無意流露出的魄力和擔當，讓人不自覺的信服和敬佩。

屬虎的人總給人一種天不怕地不怕的感覺，除了是樂天派之外，還不重實利、不怕危險。

對於不贊同的事情會表示蔑視，也常常嘲笑和痛罵被傳統觀念束縛著手腳的社會，喜歡表現自己，這也形成了他們獨特個性。

如果遇到造反或對傳統方式進行挑戰的機會，將全力參加。

而且對於這種張揚的勇敢，人們也許不贊同他們的魯莽，並為其瘋狂的大膽行為而吃驚，但卻又不會忘記為他們祈禱，好像他們的成功就如同自己成功一樣。

所以屬虎的人總是充當著「首開先例」的角色，讓人為他們的勇敢和氣魄折服。

如果要研究領導者的特質你會發現，所有屬虎的人身上都或多或少具備天生的領導氣質。

　　他們的活力和對生活的樂觀具有感染力，會喚起人們心中的各種感情，讓人們不再平淡冷漠，而是懷著極大的激情去完成手頭的工作。

　　而且，老虎們一般都很有雄心壯志，如果機遇降臨，他們不會瞻前顧後猶豫不決，總能不顧一切的放手一搏。

　　生來不知疲倦的他們行動力強，做事總比別人快三分。不過也常常因為這種個性而做出草率的決定，所以有時候會給人魯莽的感覺。

　　在這個機遇和挑戰並存的社會，他們的勇敢總能讓其人生富有戲劇性的效果。

　　虎是王者的象徵，虎年出生的人也多半會受這種「王者」氣質的影響。

　　他們有韌性、不氣餒，不管有多麼潦倒，所遭受的打擊和失望有多深總是不會氣餒的。

　　哪怕只剩下一點火花，他們也會用它重新點燃生命之火，那永不熄滅的精神能使自己再度復活，變得生機勃勃。

　　在遇到壓力時，屬虎的人可能會有依賴性，不過

會馬上調適好自己的狀態，成為領導大眾的先鋒。

有些老虎溫和、敏感和有同情心。

屬虎的女子是迷人的，她們表達能力強，自由開放，時尚而富有高貴氣質，而且天生就比其他女性多幾分男人的領導力，所以往往能在團隊中成為領隊的角色，成為中流砥柱的人物。

生肖◆兔
平平淡淡才最幸福！

在神話傳說中，兔是長壽的象徵也是月亮的精靈。兔年出生的人，是十二屬相中最幸運的人之一。如果讓文靜的他們選擇自己的生活道路，也絕對會選擇安逸閒適的生活方式，因為兔年出生的他們，認為人生平平淡淡才是最大的幸福。單憑外表裝扮也可以看出一個人是屬兔的，因為無論男女總喜歡穿寬鬆舒適、裁剪合身的衣服。他們討厭浮華、幾何圖形或刺眼的圖案，喜歡協調、均衡的狀態。

天性喜愛平淡安逸的他們，不像其他屬相那樣追求崇高的理想，在生活中的主要目標只是為了保存自己，安逸舒適的生活就足夠讓他們心滿意足。

這一年出生的人一般沒有什麼建功立業的雄心壯志，內心對安逸生活的偏愛、厭惡衝突的本性，使得他們不願意讓自己為了名利太奔波勞累。

　　比起對於金錢名利的追求，他們更愛「采菊東籬下」的恬淡生活；比起奢華富碩的生活，他們更喜歡「淡泊以明志」的與世無爭。屬兔的人外表文靜，舉止總是莊重而有條不紊的。

　　喜歡安逸平淡的他們，遇到分歧和不愉快的場合，一般不會選擇正面交鋒。

　　他們執著的相信人與人之間相互友好是件很容易的事，並且總是努力做到文明、有禮貌，甚至對敵人也是如此，他們厭惡吵架和任何形式的公然敵對。

　　他們不像龍、狗、虎、雞屬相的人那樣喜歡激烈搏鬥，並以此起家。

　　兔屬相的人沒有興趣打架，他們不適合做戰士衝鋒陷陣，而在幕後工作更有效率。

　　在自然界中，像兔子這種類型弱物種的安全感是很強的，很少能在風險很大的地方發現一隻小兔子，所以你大可不用擔心他們的生活。

　　因為屬兔的人敏捷、伶俐，善於逃避傷害，很會為自己著想而且不易上當，能用約束自己的愛好來保守秘密或個人私事。

當感到危險時，那微妙的小算盤或隱藏的對抗心理會使用顛覆戰術的方式表現出來。

在逼迫下，會丟棄任何東西或者拋棄任何敢於擾亂他們寧靜生活的人。

信仰以靈活多變而聞名，而且有使雙方都感到很保險的技巧。

兔是仁慈、舉止文雅、善忠告、和藹及愛美的象徵。

兔年出生的人喜歡和平、安靜和愜意的環境。他們很含蓄，愛藝術並具有很強的判斷力。

溫柔的言辭和慈善膽怯的生活方式，展現出一個成功的思想品質，那善始善終、喜歡平淡的精神會使他們成為優秀的學者。溫柔敦厚的形象，很適合在政治領域和政府部門工作。

屬兔的人是一個真正懂得生活的人，在人們印象中他們不會做壞事，而且很少使用刺耳的話語，並從不用粗俗的言辭來解釋問題。

也許有時看上去慢條斯理或過分審慎，其實這是由於他們小心謹慎、偏愛平淡生活的天性使然的。

　　屬兔的人，是一個有知識的現實主義者及愛好和平的人。不用期望他們會鬧事，這對他們來說太難辦到了。

　　他們精於保全面子的藝術也兼顧雙方的面子，遇到不快，會寬容別人，如果有辦法能不使別人難堪，他們一定會去做。

生肖◆龍
再厚的屏障，也難遮你的光芒！

　　龍象徵著皇帝或男性，它代表著權力。而在龍年出生的人據說都帶著命運之角，時刻綻放著燦爛的光芒。對屬龍的人來說，生活是五顏六色的火焰，跳躍不停。龍是強大的、果斷的，他們大氣、充滿生氣和力量，不管怎麼掩蓋也難以遮擋他們的優秀光輝。

　　龍一直被看成是財富和權力的衛士。

　　驕傲、非常直率，在一生中很早就樹立了理想，並要求其他人也要有同樣的高標準；他們異常積極，一般不會沉默憂鬱，遇到挫折的時候也比其他人更容易擺脫；不喜歡斯斯文文，對於需要馬上辦的事情會立即親自去辦，他們不喜歡拖延；喜歡權力，甚至到了權迷心竅的地步。

　　儘管有時候以自我為中心，過於武斷，要求極高甚至蠻不講理，但從未失去過崇拜者。

　　因為他們舉手投足之間，能流露出一股神奇的吸引力。所以再厚的屏障，似乎也難以掩蓋他們的光芒。

　　在與龍接觸時，他們的活力四射也能激發每一個人的熱情。但龍本身並不需要別人激勵，因為他們本身能夠產生足夠的能量。龍的能量很大，他們對事物那急切的渴望和幾乎是宗教性的熱情，像寓言故事裡的龍口中噴出火那樣燃燒著，使其更光輝四射。有做大事的潛力，因為他們喜歡大刀闊斧的做事，就算做一件小事情也總是大張旗鼓。

　　想要讓他們服輸恐怕很困難，因為龍年出生的人從不接受自己的失敗，他們總給人一種「自討苦吃」的感覺。好像來到世上就是為了達到最高的目標，別人越想使他們改變行動方向或繞開麻煩，他們就變得越頑固。所以龍不愧是個帶頭人，甚至在自己情緒最不愉快的時候，也能不負眾望直至獲得成功。要與強大的他們競爭很難，甚至是不可能，他們常用恫嚇的手段來威脅敢於向自己挑戰的人。

　　他們很有擔當，總是勇往直前，在困難面前也毫

不退縮。有點清高和驕傲，從不請求別人幫忙，即使在力量對比懸殊的情況下也常拒絕撤退。但是這種個性也讓他們更具魅力，更能吸引別人的追逐目光。屬龍的人非常直率從不扯謊，從不偽裝自己的感情。要他們説謊實在很難，甚至當他發誓一個字也不説時，別人也能在龍發怒的時候，讓他們把秘密脱口而出並且一字不漏。

儘管他們的缺點與長處一樣多，但是光輝仍能照耀著每一個人。龍是個敢拚的人，可以單槍匹馬的進行討伐。例如：向上級示威，給報紙寫信或在請願書上收集一百萬人的簽名。

他們很有氣量，從不喜歡嫉妒別人。有時也許會牢騷滿腹，但卻不會見死不救。這不是他們能真誠關心、同情別人，而是他們對一切都有深深的責任感。屬龍的人樂意做出重大貢獻，別人希望他們支持時也會盡力而為。

在他們承認失敗以前，會拚盡一切力量。他們是個熱愛大自然的外向人，能夠成為一個活躍的運動員、一個旅遊迷或是一個健談的人。

生肖◆蛇
探索慾就是你的發動機！

屬蛇的人是十二屬相中最具有神秘感，也是最不可思議的人物。蛇總在陰暗潮濕的環境潛伏著，它們神秘莫測，靈敏的感覺器官時刻捕獲著一切讓它們感興趣的事物。

受體內蛇屬性驅使，他們總是有比別人更加旺盛的求知慾和探索慾。

由於具有天生、特有的智慧，是一個天生的神秘主義者，喜歡發現新事物，探求各種有意思的事情的來龍去脈。

文雅、斯文的他們很愛讀書、愛聽名曲、愛吃美食並且愛看戲劇。他們被生活中所有美好的東西吸引，一朵花、一棵樹的美，也很容易打動這群獨具藝術氣質的人。

蛇年出生的人大都有很強的領悟能力，他們思維

敏捷、聰明而且喜歡思考，善於探索未知世界的各種奇妙問題，總給人一種學識淵博、知識豐富的印象。

屬蛇的人一般都很喜歡看書，他們總是對那些不可思議的事情產生濃厚的興趣，而且記憶力超強，學起東西也比別人快得多。

很多時候，在別人還摸不著頭緒的時候，他們早已心領神會，甚至還能用更清晰透徹的語句解釋出來。也善於形象思維，思考問題迅速而又獨特，是一個很好的教育工作者。

屬蛇的人不但對有趣的事物有著濃厚的探索慾，而且也很敏感，生活中的小細節總能引起他們的注意。

自信熱情，喜歡思考。哲學、宗教問題這些別人沒興趣的東西，他們可能會深入探討並且樂此不疲。一件不可思議的事情發生了，其他人可能早就忘了，屬蛇的人可不會忘，他們可能還在尋找這件事發生的原因。

他們經常依靠自己的判斷行事，與其他人不會進行推心置腹的交流。從本性上講，他們疑心病大，會

把疑心隱藏起來，也把自己的秘密也隱藏在心中。

屬蛇的人最難對付的地方就是表裡不一，是在他們安靜的外表背後隱藏著的一顆時刻警惕的心。安靜的他們喜怒不形於色，很能控制自己的情緒，不輕易發怒，總給人一副安之若泰的感覺。

有些屬蛇的人講話也許是緩慢或是懶洋洋，但這絕對不表示他們的思維和行動速度就是這樣的。

他們對什麼事情都有探索慾，總想尋根究底，喜歡問為什麼，所以老練真誠的外表後面，隱藏著很重的疑心，從不輕易相信別人，他們最相信的就是自己的判斷力。

喜歡思考的他們，總能盤算並能有系統、恰當的闡述自己的觀點，在恰到好處的時候一語驚人。

他們能深刻的看清事情的本質，不被表面現象蒙蔽，是十二生肖中最有智慧的人。

在大多數情況下，他們講話是非常小心的，「三思而後行」所以一般不會信口開河。

一件事沒弄明白之前，絕對不會盲目下結論，熱衷探索發現的他們，總能想辦法找出事情的真相。

　　很多人覺得，屬蛇的人在面對小事情時從來不會放棄「試試看」的態度。

　　但是在他們真正開始行動之前，其實早已精心策劃好了，因為對待那些自己認為很重要的大事總是相當認真的。

　　他們不喜歡做沒有把握的事情，天性喜歡探索和思考的他們，總是要把事情全部考慮周全以後才會行動。

生肖◆馬
活潑開朗才能快樂常在！

　　馬年出生的人，總給人很快活的印象。他們活潑開朗，思維敏捷，喜歡湊熱鬧，是個十足的樂天派。精力充沛，待人和氣，愛好鍛煉和各類體育活動，人們很容易從他們靈巧的動作和優美的身姿中看到這一點。

　　馬兒們説話總是急急的、語速輕快，而且似乎老是有陽光的笑掛在嘴邊。他們健談幽默，説起話來引人發笑，而且充滿陽光氣息的他們總能給人温暖愉快的感覺，自己快活自由的同時，也能給別人帶來無窮的歡樂。所以他們交際廣、朋友多，而且每一天都能交上新朋友。然而馬兒卻從不過分依賴朋友，一般很有獨立意識。

　　在生活中你會發現，屬馬的人總能將人們的思路導引到自己的想法來。他們談起自己的想法時，手舞

足蹈，不把肚子裡的全部想法傾倒出是不會罷休的。然而當你跟他們談話時，一定要簡單明瞭，否則會失去他們的注意力。

如果你很急，最好要直截了當的告訴他們。進行比較簡明扼要的溝通，他們不但不會生氣，反而會欣賞你的直率、誠懇以及對時間的珍惜。

馬兒就是那麼開朗，他們的感情來得快去得也快，煩惱和不快不會停留在他們心中太久，或許這會兒還為一件事很生氣，下一秒又馬上能恢復樂呵呵的樣子開始跟你開玩笑了。

就算生活再單調乏味，馬兒仍然很活躍，能幫別人的生活帶來一片冬日陽光。

心胸寬廣、識大體，不會為小事耿耿於懷，鬧彆扭不會發生在馬兒身上，因為他們很能容人，這也跟他們活潑開朗的性格息息相關。與他們做朋友，如果你認同人生的最高追求是「個人自由和幸福生活」，那麼他們肯定會更容易跟你親近。

屬馬的人天性善良，追求快樂和人生的幸福，活潑自由，絕不會貪財、自私和嫉妒別人，所以當做事

四處碰壁時，也只會發怒而不會搞陰謀詭計。

熱情活潑的馬兒喜歡參加各種社交活動，因為那個時候正好可以展示他們善於辭令的一面。

裝扮入時、洞察力強，獨立精神也總是促使他們從年輕時期就開始自己的事業。

最大優點是自信心強，待人和氣，有代理能力和理財能力。

不會墨守成規的他們不喜歡被埋沒的感覺，所以遇到有活動或聚會時，總是挑選亮色系，款式奇特、華麗的穿戴惹人注目。快樂的馬兒信仰自己的幸福哲學，他們靈活善變，做事圖快，總給人十分幹練靈巧的感覺。

但是也因為這樣，而顯示出缺乏持久性，不能忍受長期的困苦，所以有點耐心不足的特點。不過馬年出生的人，彷彿是人們身邊一縷美好，總能用他們熱情活潑的開朗氣質打動別人。

跟他們交往，總能讓人不知不覺也感到奇妙的愉快。

生肖◆羊
吃苦耐勞是你最大的性格資本！

　　羊是最富溫情的屬相，據說福運之星總是向他們微笑。因為屬羊的人們善良、正直且極富同情心，其中最重要的是吃苦耐勞的性格資本，讓他們總能擁有美食、住所、衣物這三件物品。

　　剛進職場的羊兒，也許沒有別的生肖那麼能力超群。但是他們盡職盡責、吃苦耐勞的優秀品質，總是會獲得上級和同事們的喜愛。屬羊的人不會因為環境欠佳、工作辛苦而退怯不前，他們總是想辦法完成自己應盡的任務，並且對逆境總有非同一般的耐受能力。所以，就算處在極其惡劣的工作和生活環境，也能忍受，並且懷著不怕吃苦的心去改善生活品質，直到獲得讓自己滿意的生活。

　　要找到一個懶惰、無所事事、不務正業的羊兒幾乎是不可能的，因為天生吃苦耐勞的他們是不允許自

己偷懶和不負責任的。屬羊的人看不慣那些游手好閒的人，他們認為要依靠自己的勞動和汗水得來的幸福生活，才是最有價值的。

羊兒喜歡兒童和小動物，是自然主義者，羊媽媽則很會理家，是絕對的準好媽媽。她們很會烹飪，很有生活情趣，能夠把一個大家庭打點得井井有條。屬羊的人不僅會受到生活伴侶的愛，同樣也會受到其親屬的愛戴。

羊兒不怕做勞力的事而且十分細心，總是在你還沒來得及考慮事情怎麼做的時候，他們早就把事情收拾得近乎完美的境界。

比如屋裡一大堆客人等著吃飯，屬羊的家庭主婦卻一點都不擔心自己招呼不來，因為在你考慮如何是好的時候，她們已經迅速的洗菜、切菜。然後用不了多久，一桌豐盛美味的飯菜就擺在你面前了。

屬羊的人們往往為人正直、親切，易被別人的不幸經歷所感染，總給人溫順甚至有些羞怯的印象。他們常因舉止優雅，對人富有同情心而被人稱道。

無論走到哪裡，都喜歡與人交往，為人正直，以

誠相待。當他們的朋友遭遇困窘甚至落得無處安身、口袋空空時，相信屬羊的朋友也決不會見朋友處困境而不顧的。他們會盡力幫助別人，就算是別人都怕的麻煩事也義不容辭。

他們耐力好，認為吃苦是成功的一大資本，相信功到自然成，相信只要透過踏實努力，終有一天會實現自己的理想。

做事幹練的他們或許可以忍受別人的拖延，但是絕對厭惡依靠別人和無所事事。

他們喜歡乾淨整齊的房間，如果一天不打掃，他們就覺得不舒服，而且常常對伴侶的「偷懶」表示不滿。喜歡「今日事今日畢」，不喜歡把今天能夠做完的事情或工作拖到以後完成，如果遇到屬羊的上司，最好要表現出「立刻去做」的工作態度。否則，哪天他可能會因為你的拖拉懶散而盯著你。

據說屬羊的人命運都極好，一般會過著富裕、舒適的生活，這在很大程度上得益於他們勤勞肯做、吃苦耐勞的性格資本。

生肖◆猴

聰明機智，
什麼問題也別想難倒你！

　　猴和猿聯繫密切，是人類的近親，難怪它們有著人類的智慧和聰穎。在史書中，猴代表發明家、即興詩人及善於調動積極性的人。也是聰明、狡猾、堅韌的代言人，他們有超過其他屬相的機智，性格堅韌，精明能幹，好像什麼問題也難不倒他們。寓言故事裡靈巧狡猾的猴子總是讓人們開懷一笑，屬猴的人也難以擺脫這種動物屬性。

　　聰明伶俐，機警智慧，精明與幹練使得他們總是贏家，永不滿足的心理與天賦也確實成正比。他們喜歡充實的工作，討厭空虛和無所事事，精明能幹，是天生的多面手。

　　由於能精打細算，因此從來看不到他們在工作中浪費任何一點時間。

　　而且聰明能幹的他們遇到問題也從不慌張，總是頭腦冷靜、精明果敢，再錯綜複雜的問題也不能將他們難倒。

　　富有實踐精神和進取精神，喜歡享受每一次進步帶來的喜悅和快感，精於財務管理，是天生的優秀管家。

　　孫悟空的機智勇敢在西遊記中是出了名的，屬猴的人也總是自信勇敢，富有激情。聰明機智的特性讓他們掌握世間很多知識，無論猴兒選擇何種職業，將來都能獲得極大成功。

　　猴年出生的人，頭腦靈活，應變能力強，語言天賦高，特別是有能力成為語言學家和外交官。

　　天生「多面手」的猴兒將會成為優秀的演員、作者、外交官、律師、運動員、股票經紀人、教師等。

　　他們聰明並且富有進取心，精明且善於策劃，很難想像如果工業、政治、經濟等領域中沒有他們會是什麼樣子。屬猴的人是出色的社會活動家，能跟任何人往來。他們八面玲瓏，機智又有手腕，精於謀略和權術。

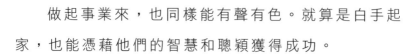
做起事業來，也同樣能有聲有色。就算是白手起家，也能憑藉他們的智慧和聰穎獲得成功。

屬猴的人常採取薄利多銷的策略達到事業上的興盛。

他們會在與別人的交易中斤斤計較，不像屬虎的人那麼爽快，也不像屬龍的人那樣硬碰硬，他們只是依靠小賺的不斷累積。

這些微小利潤乍看之下不起眼，但是如果把每份小利潤積少成多的加在一起時，你就不會驚訝他們怎麼一下子由小老闆變成大富翁了。

猴兒為人圓滑，很講策略，隨時使自己處於有利的地位上。就算他們欺騙了別人，別人也不會知道是怎樣被騙的。人們在與他們交往時很少會有生氣的時候，總因為他們的精明，讓人產生一種缺了他們就不行的感覺。

屬猴的女性言行舉止也很會看場合，由於天性聰穎精於策略，她們總能把話說得漂亮，說得恰到好處。

說起戰略和遠見猴兒也很出色，他們具有戰略家

特性，從不盲目行事。

　　做事前總要制定一個或幾個方案，既要抓住各種時機來實現目標，又不忘記「狡兔三窟」的道理，而且常以循序漸進的耐心達到目的。

　　他們不信什麼命運之說，總有股天生的自信和熱情，堅信心之所願，無事不成。

　　所以，要想有什麼困難能把他們難倒，幾乎是不可能的。

生肖◆雞
天生的幻想家，十足的策劃師！

　　無論事情發生多大變化，都無礙於屬雞的人，因為他們總是不知疲倦的幻想著，他們喜歡思考謀劃著如何克服困難，直到尋找出自己的出路。他們總是那些善於規劃的人物，充滿抱負，追求卓越，隨時準備著秀出自己的優秀能力。

　　雞年出生的人，在幼年時期就很富有想像力，他們熱愛童話故事、寓言神話等一切富有神奇幻想的事物，從小就很有理想，對未來充滿美好的憧憬。

　　正是因為這種與生俱來的性格特點，他們一般都有講演才華，而且寫作能力極佳，常常出口成章讓人歎服。

　　他們隨時準備好對任何話題大發議論，如果你想就某一論題與他們論辯，那麼你準會以失敗告終。

　　因為屬雞的人知道如何用自己的智慧、高效率來

贏得上級的信任。他們精力充沛，做事速度快，成功率高，就算在普通崗位上也會獲得榮譽，得到報酬。

肖雞者是天生的幻想家，與人交往的過程中充分展現了這個特點。

他們的思維富有跳躍性，語言生動，情緒歡快，充滿幻想主義和浪漫主義的情懷，人們都喜歡和他們交談，因為他們會傳達出對未來美好生活的訊息，讓人心馳神往。他們會對你描繪自己理想生活的樣子，述說自己希望住的房子是什麼樣子，計劃著自己將何時結婚，何時生子。

喜歡幻想，甚至有時候脫離現實也樂此不疲，就算看著昂貴到自己沒辦法買的名牌轎車，他們也會微笑著說「以後說不定我也會有一輛」。

對於愛情，屬雞的人無論男女都懷有虔誠和信念，他們認為愛情是浪漫的，是與現實物質無關的純潔美好事物。

他們就像一個浪漫的詩人，吟唱著有關人間真愛的優美詩句並且陶醉其中。

一旦愛上，就變得更加富有浪漫情懷，愛幻想的

他們總是精心為戀人準備各種驚喜。

正是天生喜歡幻想的性格，使得他們從來都不放棄任何機會去表現自己。他們是卓越的表演家，常常是活動場合的中心人物。

所有屬雞的工作人員都有良好的聲譽，哪怕是做很不起眼的普通工作，也會在這些工作中找到自己的重要價值。

雞年出生的人大都從小胸懷大志，而且具備處理事務的能力，善於做難度大的工作。所以他們大多從年輕時代就開始了自己的事業，並在一生中的早期取得成績。

由於對未來總懷有嚮往，總是傾向於表現對未來願望的他們，十分擅長策劃和謀略。

他們是天生的策劃工作者。富有靈感和創意，思想新穎獨特，天馬行空的思維習慣常常讓人難以匹敵。若是從事創作工作和策劃工作，一定能獲得很好的成績，因為天生就愛幻想和策劃的他們，可能根本就不把這些當做工作，而是當成一種發自內心的習慣。

所以，別問他們怎麼把假期週末都規劃得那麼好。別驚訝！他們剛進企業開始工作就做好了「三年計劃」、「五年規劃」之類的職業生涯規劃，因為這是天性使然，他們甚至可以用幾天的時間把自己這一生都規劃好。

生肖◆狗
你的直覺生來就是最強！

　　狗是人類忠誠的朋友，狗一直以它靈敏的耳朵和犀利的嗅覺聞名。狗年出生的人如果預感的事情變成現實，你不必驚訝，因為他們天生就有超強精準的直覺和預測能力。

　　狗年出生的人眼睛和心靈都很警覺，對人的第一印象總是很準。

　　他們善於觀察，懂得察言觀色，總是能從一個人的言行舉止、穿著打扮甚至是眼神中挖掘出此人的性格特點。

　　他們不會毫無根據的隨便判斷別人，直覺如果告訴他們這個人不可信，他們就不會跟此人有太多交往，而且日後都會十分留心。

　　狗兒們一般很相信自己的判斷，如果他們告訴你這個人不值得信任，你就要注意了，因為敏感、洞察

力強，直覺超準的他們說的話十之八九就是事實。

直覺和判斷能力使得他們聰明善斷，對未來各種情況有一種天生的預見能力，所以世界上許多聖賢與智者都出生在這充滿理想和智慧的狗年。

他們能成為顧問、牧師、心理學家。能勝任軍事工作，成為優秀的教師、律師、法官、醫生或運輸業的領導人，還會以和平主義觀點支持和展開社會運動。

在發生危機的日子裡，他們會堅韌的忍受著困苦而決不怨天尤人。一旦決定了非做不可的事，一定會堅持到底誓不罷休。而且這些事業大都是高尚的，他們在這些事業中勤勤懇懇、忠於職守，簡直是正義的化身。

狗年出生的人外表活潑熱情，但是內心卻比較深沉悲觀，總是猜想著世界上存在的種種危機。然而，很多時候，他們的預感真的會成為現實。

無論他們是否會承認，不過屬狗的人的確有這個特點：他們在內心裡將人們按他們的觀點劃分等次，而且是兩極劃分，對他們來說，交往者只分為朋友，

或者是對手，因為他們不相信中庸。

屬狗的人與他人接觸，一定要弄清他們是哪類人。但是，一旦對某人產生了自己的看法，那是很難使狗兒們改變的。

和他們交往，第一印象是很重要的。由於很信任自己的直覺，所以一般不輕易相信人，一旦相信就坦誠相待，甚至肝膽相照。如果有人試著去攻擊那些與狗兒們關係密切的人，他們將會採取「以牙還牙」的手段來對付他。

透過狗兒直覺和印象的考驗，他們的朋友常屬於「忘年之交」，就算經歷時間和距離的洗刷，也不會生疏變淡。

屬狗的人都精力充沛，樂於助人。就算不能幫助他人，也會想盡辦法給他人提供方便和建議。

如果成為領導者，會十分懂得用人之道，他們啟用賢人能人，總能把人才放在最合適，最能發揮其潛力的工作崗位上。

敏銳的直覺使得他們常常能為領導者的決策提出極具價值的建議，就算他們並未真正負責此事，也能

給出一些相對專業而有用的意見。

　　屬狗的人工作努力，他們認為一個人必須如此或需要努力盡心的工作。

　　注重實踐、英勇無畏、說話直爽，對每個他所交往的人都能做出比較準確的判斷，包括自己。

　　這一點使得他們很適合從事人力資源管理方面的工作，如果掌管人事，別懷疑他們的經驗，因為論識人、用人的直覺，沒人比得上他們。

生肖◆豬
握在手裡的東西才最實際！

在人群中，他們屬樸實無華之列，然而實際上，屬豬的人應稱作物質主義者。他們討厭空想，注重實際行動，崇尚物質追求，認為確切握在手中的東西才最實際。

小豬務實求真，思維也很現實，不考慮幻想和任何不真實的因素，有著強烈的激情，總能充滿熱情和耐心投入相對單調的工作中。

外表樸實的他們不喜歡浮華的東西，討厭奢侈浪費，喜歡不受限制的享受生活中所有樂趣。

他們熱愛娛樂活動，也熱愛一切實實在在能為自己帶來享受和方便的事物。比如舒適的住宅，能夠顯示收入水準的名牌轎車，體面的衣服等都是他們工作和奮鬥的動力。只要有機會，小豬絕對會坐在統治者的寶座上。

因為天性務實的他們認為，只有領導者才有發言權。

所以要找到一個不上進的小豬是很困難的，他們可是隨時準備為理想、舒適的生活而拚搏努力。

屬豬的人雖然傾向於現實的物質世界，然而他們很慷慨，毫不吝嗇，總喜歡跟別人分享自己的所有。而且在別人付出時，也常常會從中受益。

不相信別人的承諾，只看自己實實在在得到的東西，所以巧言令色，吹噓拍馬屁對他們幾乎不起作用，因為他們判斷的根據就是實實在在的行動，只有當你具體為他們做了什麼，具體幫了什麼忙，才會讓他們感覺到踏實受益。

豬年出生的人都有著富裕而體面的生活，他們厭惡貧困的狀態，而且希望一切跟他們關係密切的人都能過著舒適無憂的生活，這跟小豬務實向上的性格特點息息相關。

慷慨大方總為他們贏得好人緣，對待朋友和親人，他們會注重物質上的給予，而在精神上的支持就顯得相對較少。

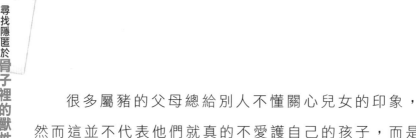

尋找隱匿於**骨子裡的獸性**！透視生肖魔鏡，破解性格密碼！

很多屬豬的父母總給別人不懂關心兒女的印象，然而這並不代表他們就真的不愛護自己的孩子，而是這些屬豬的父母認為，物質上的給予便是給兒女最大的呵護，所以屬豬的父母總會給兒女吃穿用方面最好的，甚至老了也會為子女留下一筆可觀的積蓄。

小豬們認為握在手裡的才實在，所以他們精神世界沒有其他屬相複雜深沉，想法觀念也比較簡單。

屬豬的人傾向於外表美麗的事物，對事情的內涵和價值往往沒有過多的考慮。

無論男女都比較喜歡好看的人，而且選擇伴侶的時候也注重外表。

誠實、純樸的他們真心熱愛自己所愛的人，從不掩飾自己的情感。

屬豬的人從不把災禍看得過重，他們樂觀積極，相信「吉人自有天相」。有時候會給人大大咧咧的感覺，他們沒什麼心機，待人真誠，寬厚能忍，為人誠實，工作勤懇。

雖然表面上容易受騙，但實際上還是比人們想像得要聰明。

　　他們懂得用容忍的態度保護自己的利益。當有人
騎到自己頭上時，他們還會自動遞上一條鞭子，當別
人自鳴得意時，其實卻早已騎虎難下，不得脫身了。
這個策略，讓小豬們屢試不爽。

第二章

人際若暢通，則成功無阻！
與不同生肖的相處獨門秘訣！

　　良好的人際關係是一個人獲得事業成功的重要保障。建立一個良好的人際關係網，學會和不同性格、不同個性的人打交道，你就等於在這競爭激烈又靠「關係」吃飯的社會上成功了一半。不同的生肖有不同的獨特屬性，與不同生肖的人相處勢必需要注意不同問題，運用不同的交往藝術。本章告訴你，如何與你身邊的十二生肖人相處，修煉與不同生肖的人共處的獨門秘訣，讓你擁有暢通和諧的人際關係！

討好老鼠，你得先學會聽！

如果你在他們面前説個不停，別以為你的口若懸河會引起他們的好感，因為洞察力超強的他們説不定就把你的弱點、缺點看得清清楚楚。甚至一不小心，還會引起他們的反感。

機敏聰明的肖鼠者，總是顯得那麼精明能幹，要想跟這些機靈的「老鼠們」好好相處，你得先學會傾聽。

上帝之所以給人兩個耳朵一個嘴巴，就是教人們少説多聽。在人際交往中，學會傾聽不僅是對別人的尊重，更能顯示出你的修養和涵養。最善於與人溝通的高手，是那些善於傾聽的人。

生活中，有魅力的人一定是個傾聽者，而不是滔滔不絕，喋喋不休的人。這一點，當你跟他們在交往過程中就顯得更為重要。

也許在交談過程中，你和他們並沒有説上幾句

話，但是你得在傾聽「老鼠們」的話以後做出回應。

你恰如其分的言辭會引起他們的好感，他們認為你尊重他們。而他們在得到重視的同時，也會逐漸喜歡和你交談。

老鼠的觀察力和隨機應變的能力是很突出的，他們總能在不經意之間就把你的言行舉止觀察得清清楚楚，他們會從你的談話內容和神態中瞭解你的心理，然後對你這個人做出判斷。

老鼠雖然反應很快，頭腦靈活，說起話來比較快，但是他們卻對那些妙語如珠、說個不停的人沒什麼好感。

因為天生洞察力極強的他們，能在別人的舉動中察覺出什麼隱秘的東西，比如別人試圖隱藏的缺點，或者性格當中的陰暗面。

俗話說，禍從口出，言多必失。當一個人在屬鼠的人面前過多展現自己的「口才」時，不管是為了討好老鼠還是普通的交流，這個人和老鼠的交往前景都很可能是「黯淡無光」的。

老鼠喜歡那些懂得「聽」他們說話的人，所以和

鼠相處，你要先學會傾聽。

真正的傾聽，是要用心、用眼睛、用耳朵去聽。並且不但要學會用耳朵傾聽，還要學會用心去傾聽。以下是和老鼠們相處時的傾聽技巧：

1·要有良好的精神狀態

良好的精神狀態是傾聽品質的重要前提，如果你「聽」得萎靡不振，是不會取得良好傾聽效果的，只能使溝通品質大打折扣。

2·及時用動作和表情給予呼應

談話時，應善於運用自己的姿態、表情、插入語和感歎詞。

如微笑、點頭等，都會使談話更加的融洽。

3·必要的沉默

沉默就像樂譜上的休止符，運用得當，則含義無窮，可真正達到「無聲勝有聲」的效果。但沉默一定要運用得體，不可不分場合，故作高深而濫用沉默。

4·適時適度的提問

適時的提出問題是一種傾聽的方法。問老鼠喜歡回答的問題，鼓勵他們談論自己及他們所取得的成就。要使別人對你感興趣，那就先對別人感興趣。

5·不要隨便打斷別人講話，要有耐心

當老鼠們說話內容很多，或者由於情緒激動等原因，語言表達有些零散甚至混亂時，你都應該耐心聽完他們的敘述。即使有些內容是你不想聽的，也要耐心聽完。

總之，要討好老鼠，你要會傾聽。傾聽需要做到耳到、眼到、心到。當你透過巧妙的應答把他們引向你所需要的方向或層次時，你就可以輕鬆掌握談話的主動權了。善於傾聽，會讓你處處受到歡迎。

牛最不喜歡的6種人！

牛年出生的人也一直是低調處事的典範。「牛」為人毫不張揚，腳踏實地，穩重負責，誠實勤勉，工作中很受上司的讚賞和信賴。然而，你可知道牛也有他們十分看不慣的人，對於他們看不慣的人，他們往往不會把心情和看法坦白說出來而悶在心裡，但他們厭惡的表情和語調往往會出賣自己。

下面是牛最不喜歡的6類人，和他們相處的你可得當心，不要成為了他們討厭的那一類人！

1·不負責任的人

牛年出生的人責任感強，勤勉踏實，所以即使工作中發生一些困難，他們那堅強的耐力也會突破難關而堅持到底。屬牛的人是工作的奴隸，他們是那種努力工作以獲得利益和成果的人。

對於那些無所事事、不負責任、半途而廢的人，

他們是相當看不慣的，如果這種不負責任的表現影響了自己的正常工作，他們的不滿甚至會上升為厭惡和痛恨，甚至會認為對方是個毫無價值的廢物。

2·高談闊論，只說不做的人

說到做到是牛牛一生恪守的原則。屬牛的人所享有的成功完全是靠自己的力量換來的。

簡而言之，強大、守紀律的他們不願意在生活中放蕩不羈、失信於人，會用自己的努力以一個勝利者的姿態出現。所以對於那些只會高談闊論，盲目許諾，只說不做的人，他們是相當嗤之以鼻的。

3·欠債不還的人

他們不喜歡欠債，付給別人的欠款會精確算到小數點的最後一位，當然牛兒們對別人也有同樣的要求。

如果他們欠別人什麼東西，又沒有明確表示感激並且給予回報將永遠不會原諒自己。同樣的，如果欠債不還，借了他們的錢沒有如期如數歸還的人，雖然

他們嘴上不說，但是心裡會很鬱悶，並且後悔與這樣的人交往。

4‧嘮叨的人

一般來說，他們是不善於人際溝通的一群人，為人不太相信別人，有著固執己見的牛脾氣。喜歡我行我素，而且平時也沉默低調，不聽勸告。

有點工作狂的他們其實很不喜歡在耳邊嘮嘮叨叨的人，就算別人的嘮叨是為了他們好，牛兒們也很不領情，因為他們總是那麼倔強，如頑石般不知變通。

5‧太「叛逆」的人

牛兒性格正直倔強，性格內向，是個尊重傳統的保守主義者。他們熱愛工作，總是那麼兢兢業業的盡職盡責。

低調是他們一生的哲學，而且牛兒們也一直都恪守著這個哲學，處事為人都很低調。對於那些喜歡做各種「新潮叛逆」事情的人，牛兒們會很不屑，認為那些人沒有創造價值只知道賣弄出風頭。

所以跟牛兒們共處一室，還是盡量收斂一點，免得成為牛兒們的「眼中釘」。

6.不守規矩的人

牛兒們總是循規蹈矩，很會用紀律約束自己和別人，而且過於嚴厲。屬牛的人是安靜的、有很強道德觀和尊嚴的人。他們堅持認為每個人都應盡職盡責，同時也不要為別人的工作設置障礙。

他們為人不圓滑，不知道關心別人，常表現出軍人的風範。對於那些不守規矩、破壞正常秩序的人，牛兒們會很不喜歡。

只要給老虎建議，別給他意見！

屬虎的人是天生領導者，勇氣的代言人。他們熱情勇敢，富有激情和魄力，有著天生的領導才能。然而這群充滿王者氣質的老虎，不僅僅有著領導的才華，也有領導們的「架子」。所以，和他們相處，你要學會容忍他們的魯莽和大膽，傾聽少爭論，多給老虎提出中肯的建議，而不要隨便給他們提意見。

他們十分大膽、自信而有氣魄，總給人一種天不怕、地不怕的感覺。除了是樂天派外，還不重實利、不怕危險。他們會對不贊同的事情表示蔑視，對自己的想法常常是深信不疑，不輕易聽信別人，但是對於有價值的建議，還是會認真做比較參考。

老虎的獨特個性，使得他們有種反對傳統的張揚和勇敢，天生的自信讓他們不愛聽那些規定性的意見。所以，不要試圖用爭論和以理服人的辦法讓他們接受你的意見，因為好勝而且喜歡挑戰的他們不會輕

易讓你贏。

特別是當你遇到一個屬虎的領導者或者上司時，你更要注意在工作時表達個人意見的措辭和語氣。如果對一項工作，你認為有更好的辦法和策略，千萬不要故作聰明的「展示自我」，向屬虎的領導者提出意見，或者在大庭廣眾之下當面指出他們的錯誤，提出自己的正確意見，這樣都會讓他們心生不滿。

就算你的意見確確實實是有價值的，就算他們表面上也好像認可了你的意見，但是你在他心目中的位置卻已經跌入低谷。所以，有個老虎上司，就要多多表現出虛心好學的態度，只幫他們提建議，而且措辭要盡量誠懇謙遜。

就算是非提不可的意見，也要用「勸諫」的手法巧妙的轉換為建議。然而，屬虎的人也不是那種難以相處的人，他們樂觀積極，是個十足的樂天派；做事說話大氣，顯得寬宏大量不拘小節。作為領導者的他們更是有遠見有想法，能給人一種振奮向上的力量。

不過，如果你認為和他們相處只要謹慎、小心翼翼就能被老虎們接受和歡迎，那你就錯了。屬虎的人

雖然不喜歡那種反對自己的規定性意見，不喜歡自己的想法和做事方法全盤被推翻，但也不等於就會欣賞那些毫無想法、唯唯諾諾的人。

基本上來說，老虎還是欣賞那些有朝氣、有想法，敢於挑戰權威的人。只不過，要方法到位，言辭準確，才能博得老虎們的好感和欣賞。總而言之，不要一言不發，也不要言辭犀利的指出老虎們的不對之處，關鍵是要注意方法。

如果你瞭解老虎們的心理就會慢慢發現，他們愛聽建議，不愛聽意見。就算建議和意見其實是同一種意思，但會因為你語氣和態度拿捏得宜，而使得老虎對你有截然不同的態度反應。

態度拿捏得好，用誠懇的建議表示自己的看法和對真切的關心，他們不但不會感到反感，反而會覺得你是個有思想、有智慧的聰明人，是個值得深交的好友；相反的，萬一態度方式拿捏得不好，全盤推翻老虎們的看法，那麼就算最後你的意見被採納了，也是因小失大的遭到老虎們厭惡。

慢慢接近屬**兔**的人，
心急吃不了熱豆腐！

　　屬兔的人不喜歡興風作浪，安寧和與世無爭的生活是他們所嚮往的。但是這一點常讓人對他們的本質發生錯覺，認為兔子是脆弱而且容易親信別人的，其實不然。兔子們內心其實是自信而且堅強的，總是有條不紊、準確追求著自己的目標。屬兔的人文靜的外表下其實藏著一顆敏感的心，他們不會憑藉感覺去相信別人，不愛生事的兔子其實很會「防禦」，只有經歷了「日久見人心」的朝夕相對後，才會逐漸卸下防範之心。

　　兔子溫柔含蓄，偏愛安定平凡的生活，不喜歡與人爭執，也不喜歡那種為名利財富明爭暗鬥的生活。他們對人對事都富有愛心和同情心，但是兔子是最不容易上當的屬相。他們擅長自我保護，這也跟兔子不喜歡待在風險較大的環境有關，他們天性對危險和不

測有一種防禦戰術，想要欺騙他們的感情或者錢財比其他屬相都更為困難。所以，跟屬兔的朋友交往，要記得保持適當的距離。

如果太過親密，會讓兔子很不自在，因為在他們心裡，你還沒親近到這種地步呢！但是，也不能距離太遙遠，因為含蓄的兔子可能會認為你不想跟他們做朋友而疏遠你。他們知道什麼時候應忍讓，從不喜歡在公共場所擁抱任何人。

不過，對於特別親密的朋友，卻是很放得開。只不過，那要看你在他們的眼中，關係到了哪個層面。他們很會劃分朋友的層次，會把別人的錯誤和進步看在眼裡，哪些是值得信賴的朋友，哪些是不「安全」的小人，他們都心裡清楚。

他們精於保全面子的藝術，也不喜歡無事生非，一般會選擇規避風險，保全自己的策略。真正誠懇善良的人，他們是能夠感受到的。

所以對待他們，你要學會用太極拳的思維，「以慢打快」、「以慢取勝」，逐漸滲透他們生活的點滴，關心他們的日常生活和情緒變化，讓兔子們感受

到你的真誠和友善，把你列為「值得信賴」的清單中。如果喜歡上他們，切不可急功近利、自作聰明。因為一見鍾情或者閃電結婚這類的事情是不會發生在安靜的他們身上的。兔子們都比較小心，而且外表脆弱優雅的他們其實有著異常複雜的內心。

心思細膩，不會放棄一個又一個考驗你的時機，要走近他們的內心世界，真正瞭解他們，需要執著的等待和耐心。急於跟他們親密，只會讓兔子對你「處處設防」，在兔子們的安全考驗期還沒截止的時候，你最好還是默默付出、慢慢走近。不過你放心，你所做的努力是不會白費的，因為兔子不會不明是非，他們雪亮的眼睛其實看得清清楚楚，一旦兔子認為你通過了「考核」，就會卸下「防禦系統」，向你招手。

如果你身邊有屬兔的朋友，他們現在已經跟你打成一片，親密的開著玩笑，那麼恭喜你，你已經得到這隻兔子的認可，成為他們心目中值得信賴的友人。

如果你感覺你試圖走近屬兔的朋友，而他們卻好像總是有點疏遠你，那就要懂得循序漸進的道理。

記住，對待屬兔的人，心急吃不了熱豆腐！

這些話，千萬別在龍面前説！

　　屬龍的人是那種善於運用權力、清高直率，喜歡大刀闊斧做事的人。總是綻放著難掩的光芒，要讓他們深藏不露是很困難的。和龍在一起，你會很容易被他們那種狂放的熱情感染。但是如果有些話説得不好，他們可是會「龍顏大怒」的！

　　與他們共事時，屬龍的人總是會積極完成工作，並且喜歡左右別人的想法，提出更有創意的方案。

　　或許有些人會看不慣龍的強烈表現慾，不假思索的説些讓他們不舒服的話。例如：「我認為你的想法毫無創意。」；「我自己會想，不用你操心。」；「先做好你自己分內的事情好嗎？」……與龍在一個團隊中合作，當直率的他們提出建議時，就算你不接受建議，這個時候也千萬別説出這些話。

　　龍果敢熱情，説話做事常常以自我為中心。所以當他們誇讚自己的豐功偉績忘乎所以的時候，你寧可

保持沉默或者轉移話題，也不要隨便說出這些有損他們自尊心的話。例如：「拜託，這些我都知道了，能不能說點新鮮的。」；「時代不同了，你也要學著跟上時代啊。」；「那些都過去了，沒什麼了不起的。」龍是屬於成功的屬相，特別是對於曾經事業有成，但現在正巧遭逢困境的龍，如果豪邁激昂的心情被你潑了冷水，他們會感到十分難堪。不要輕易打斷他們的話，因為龍的自尊心是很強的，如果龍在宣佈一件很重要的事情，你最好靜靜傾聽，適當回應，讓龍感受到你對他（她）們的在意和關注。

千萬不要在他們慷慨激昂著說些他們認為是很有價值的事情時，你從中插上一嘴，「等一下！」；「先聽我說。」「這個我也知道。」；「你說得不對，事情不是這樣的。」不要在龍正在說話的時候打斷他們，如果他們說得不對，你也要耐心聽完，如果你給了龍起碼的尊重，讓他們把自己的看法發表完畢後再說出你自己的建議，龍是不會懊惱的。

而且，在比較愉快的氛圍中聊天時，龍也不喜歡被打斷的感覺。如果屬龍的人旅遊歸來，正在跟大家

分享自己在旅途中的所見所聞，最好「滿足」他們的表演慾，讓龍「自我」一回，千萬別打斷他：「根本不是這樣的，那個地方我去過……」；「我也去那裡旅遊過，我覺得沒有什麼特別好玩的東西。」這些話足以讓心生不滿的龍向你投來「憤怒」的目光。

「差不多就行了，幹嘛那麼認真。」「不要那麼倔強嘛，隨便做就行了。」……不難發現，龍是比較認真而且對事情要求很高的人。如果做一件事情，你不投入百分百努力就算了，但是千萬別朝做事熱情、渴望成功的龍潑冷水。

如果遇到屬龍的領導者，對他們的嚴格要求，你只要盡力完成就好，千萬不要在一旁議論紛紛，抱怨個不停。龍很聰明，他們往往就是用這種方法來「考核」下屬是否是一塊值得提拔的「好材料」。

還有一點你要記住，龍女是女權主義者，認為男人能做的女人也能做。「女人跟男人是不能比的。」；「你一個女人怎麼能跟我們競爭。」；「女人還是不要那麼好勝的好。」……這種話都最好別在龍女們面前說。

蛇的佔有慾，你得小心呵護！

具有旺盛求知慾和探索慾的他們，總給人一種學識淵博的感覺。他們神秘、聰明，喜歡探索新知，是屬於「智慧錦囊」型的朋友。在與其他人的交往中，蛇會表現出極強的佔有慾，而且對別人的要求很高。對於他們的佔有慾，你得小心呵護，否則就會陷入很麻煩的境地。

屬蛇的人對朋友持有某種程度上的不信任，他們是典型的懷疑主義。

疑心很重，佔有慾就是從這種不信任的疑心中衍生而來。如果把別人當做最好的朋友，一般也渴望對方能夠把自己當做最特別的好友，甚至不能忍受自己的好朋友跟別人過於親近。

他們對待同性的好友也會發生亂「吃醋」的現象，當蛇們因為「吃醋」而生氣時，你要學著諒解，那是因為他們很在乎你這個最好的朋友，害怕失去這

段友情才會這樣的。

對待同性摯友，都會有「吃醋」的獨佔現象出現，更何況是對待自己的異性伴侶，屬蛇的人對其另一半的佔有慾最強。

雖然深愛對方，但骨子裡的「疑心病」又使得他們更唯恐對方會離開他（她）們。

一旦墜入愛河，幾天的短暫別離都使他們難以忍受，蛇男蛇女寧可把戀人牢牢拴在身邊好好「看管」，也不願備受煎熬的想著，對方會不會離他們而去或者被別人搶走。

這個時候，你千萬不要消極對抗，表現出不耐煩的樣子只會讓你們的關係緊張。

記住，小心呵護他們的佔有慾，讓他們的「醋意」在愉快的氛圍中消散。

屬蛇的女性是佔有慾最強的物種。

她們不僅對另一半總是神經兮兮的緊張，對同性好姐妹也是佔有慾十足。

缺乏安全感的蛇女郎們總是害怕她最愛的他不愛她，或者愛她不夠多，所以每天都要問一句「你到底

愛不愛我？」直到得到滿意的答案才甜甜的笑，但是牢牢抓緊的獨佔心卻絲毫不減。

她們總是顯得醋意十足，那是因為她們重視你、在乎你，如果你得到了蛇女的青睞，不要感到疲憊，不要不耐煩，要拿出你的耐心和溫柔，告訴她們你的真心。

屬蛇的男性對待同性的友情可能沒有屬蛇的女性那麼「計較」，蛇男在友情上顯得比較「開明」，但是一旦面對愛情，往往就陷入神經過敏的「疑心病」中。

很多人都覺得屬蛇的男性獨佔霸道，甚至有點妄想症的趨勢。其實這只是他們太深愛妳的緣故，如果蛇男對一個女子沒有感情，往往就是那種很放心，很「信任」的狀態。

但是如果蛇男過敏到要你報告自己的日常起居，短時間不見面就會有點暴風驟雨般的擔憂，打電話問妳在哪？在做什麼？和誰在一起？不要煩心，那就是蛇男已經深陷愛河而不自知。

越是擔心，越是獨佔，「疑心病」犯得就越厲

害，也表示他們對妳越傾心。

　　所以，別看屬蛇的人好像總是一副無所不知的樣子，但是聰慧過人的他們往往是最沒安全感的。

　　對待佔有慾極強的他們，要拿出大人對待小孩的寬容和呵護般，小心地保護和肯定這群犯著「疑心病」的蛇們，讓他們相信你們之間的友誼和愛情，這樣他們絕對會越來越愛你。

展現效率與果斷，
就能贏得馬的青睞！

　　屬馬的人精力充沛，待人和氣，活潑開朗，總給人一副快快樂樂的印象。馬兒說話速度快，動作輕巧，做事俐落，想要跟屬馬的人交往十分簡單，但是要跟馬兒深交，贏得他們的青睞，你就需要學會展示自己的效率和果斷。

　　從說話的速度來看，你就知道活潑好動的他們是個急性子。

　　馬兒不喜歡做事遲緩、拖延懶散的人。做事幹練，跟其他屬相的人比起來，更在乎完成任務的效率和速度。

　　屬馬的人可以忍受你的失敗，但是很難忍受同事或者朋友做事低效率。

　　如果你想跟馬兒打成一片，成為相處愉快的工作夥伴，就要重視工作效率，在做事的策略上要盡量注

重完成任務的效益。如果你遇到屬馬的領導者，你更要注意工作效率，改掉拖拉散漫的壞習慣。

馬上行動，今日事今日畢，才能讓屬馬的上司信任你，委予你重任。

展現你的效率，除了工作上的不拖拉，還要注意生活上的不懶惰。

屬馬的人輕快的生活節奏中，從沒有推辭拖延的陋習。作為馬兒的朋友，如果你的生活習慣不是那麼符合他們的口味，就會讓你在馬兒心目中的良好印象大打折扣。

和他們一起吃飯的時候，速度盡量放快一點，免得行事迅速的他們吃完了還在一邊看著你；甚至當你們一起逛街走在路上時，也要跟上馬兒輕快的步伐，把走路的速度稍稍提高。

總之，展現你的效率，他們會覺得你很有能力，也會越來越看重你這個朋友。

對待生肖屬馬的人，記得要展現出你的效率和時間觀念。如果你和他們第一次見面，記住不要遲到，最好提前十分鐘到場，這會讓他們對你印象深刻。

　　而談吐幽默也能贏得他們的好感，切忌一言不發，或是在聽了他們活潑生動的敘述後反應冷淡，那樣只會讓馬兒覺得你不尊重他們。

　　做事喜快不喜慢的他們在做決定的時候，也傾向於果敢善斷。

　　他們往往容易崇拜那些處事果斷，有膽識有擔當的人。而且自己在做決定的時候，也討厭猶豫不決。如果是必須慎重考慮的大事，馬兒會左顧右盼，既想著趕快做出決定，又害怕因為缺乏考慮而壞了大事。而這個時候如果你能給他們中肯的意見，幫助他們做出決定，表現出果敢明智的一面，那麼馬兒肯定是對你既欣賞又感激。

　　因為急性子的馬兒，對處事果敢的人總是很支持和欽佩。

　　有屬馬的朋友在身邊，你就要學會克制自己各種與拖拉有關的壞習慣。千萬不要在馬兒催促你把工作趕緊完成的時候打盹，也別說出「時間還久，以後再說吧。」這種話跟情況多個幾次，屬馬的人就會形成一個印象，那就是，你是一個很不值得共事的人，因

為你毫無時間概念。對待屬馬的另一半，你不可總是優柔寡斷、猶豫不決，特別是在屬馬的女性面前。

這樣久而久之，她會慢慢懷疑這個人是否值得託付終身或者煩躁鬱悶，你們的關係會逐漸出現裂縫。

如果你能在屬馬的伴侶面前有擔當，做起決定不猶豫後悔，他們會更確定你們的關係，快樂也將環繞在你們周圍。

温柔小羊最喜歡與強者為伴！

　　羊是温情動物，屬羊的人也是温柔而仁慈的人。温和性情，使他們很需要更強大的人來保護自己。所以，温柔的小羊喜歡與那些做事聰明果斷、有能力、有膽識的強者相伴。如果你還在羊兒面前表現得唯唯諾諾、謙遜讓人，就得改改策略了。試著讓自己變得優秀和強勢，反而會受到小羊的歡迎和喜愛！

　　屬羊的人們要在嚴格的制度下工作才能發揮自己的才能。態度強硬的秘書和帶有強制性格的同事會使他們的工作效率大大提高，就算有時對羊兒的要求近乎無理。

　　不過，羊兒們依賴心重，性情温柔的他們，需要與強者及強勢的人為伴。總而言之，這種温和而又依賴性強的屬相，最喜歡與有保護慾的強勢之人相處或共事。

　　與屬羊的人共事的時候，盡量不要讓他們獨自承

擔責任，表現出積極共同奮進的樣子來激勵他們的鬥志是很必要的。

要鼓勵和幫助他們面對工作中的困難，像個大姐姐或大哥哥一樣為羊兒提供工作上的便利，跟他們分享各種有益的經驗，這會讓他們對你好感頓生。

對待溫柔的小羊，要把「你自己看著辦！」盡量改成「加油！如果有什麼問題可以問我。」會好上百倍，小羊會因為你的沉著、智慧而信賴你，從此把你當做值得深交的好夥伴。

屬羊的女性做事緩慢，像個瓷娃娃。要追求屬羊的女子最重要的就是表現自己的強大和能力。小羊不會把對方的自信霸氣視為賣弄，反倒會心生崇拜和嚮往。

內心柔軟而又富有想像力的屬羊女子，總是期待著有一位優秀能幹、聰明強壯的真命天子出現在生命中。和屬羊的女子約會，記住要穿出男人的氣質，盡情展示自己的強大和氣魄，談吐時要試著用自己的人格魅力打動屬羊女子，讓她覺得你就是那個可以保護她，帶給她一生幸福和安全感的男人。

屬羊的男性外表文雅，舉止莊重。然而能夠真正吸引他們目光的卻是那些活潑好動、幽默且能幹的成功女性。

他們非常看重女性的才華，認為知性的女子是最迷人的。而且在同性朋友的選擇中，也傾向於和那些能力較強、處事果斷的人交朋友。

屬羊的男性是極體貼的人，他們容易愛上那些活潑開朗的女性，並且會用溫情和關懷來博得別人的青睞。總之，屬羊的人一生需要一個強壯、忠誠、能力強的人為伴。

思想奔放、激情充沛的他們，與秉性能產生平衡的屬蛇、龍、猴、雞的人都能相安共處，和諧一致。不過他們會討厭屬羊的人那種大手大腳、花錢如流水的作風以及缺乏自信的懦弱本性。

在性格穩健的肖牛者和好動不好靜的肖狗者那裡也得不到同情、理解和快樂，因為「牛」與「狗」都沒有聽「羊」絮絮叨叨使人憐憫之言的耐性。

嚴厲批評猴，效果適得其反！

屬猴的人是極其聰明機靈的，他們有著其他屬相所沒有的堅定性，一旦決定的事情，勢必會堅持到底。也有著強烈的自我優越感，總是從自己的利益出發，考慮自己的得失。自我感覺良好而且愛慕虛榮的猴子，最不懂得「忠言逆耳」的道理，嚴厲批評屬猴的人，效果肯定是適得其反。

猴子有時自信到了自戀的程度，他們愛慕虛榮，而且也會自私自利。

總是從自身利益出發考慮問題的他們，受不了別人對自己的指責，哪怕指責和批評是確實為了他們好，他們也毫不領情，而且會心生怨恨。所以，嚴厲批評屬猴的人，是非常危險的事情，有時候甚至會引起尖銳的矛盾，導致關係破裂。工作過程中，如果與他們共事，就一定要懂得這個相處原則。

如果屬猴的下屬做事總是不能讓人滿意，你要學

著用引導和親情感化的辦法來激勵他們，並在工作的各個細節給予幫助和關懷，委婉指出他們做不好的地方。這樣既給了他們面子，也能讓他們了解自己身上存在的問題。

如果是怒吼批評，只會讓他們自尊心受挫，感到很沒面子的他們可能選擇消極抵抗，處處搗亂添麻煩，在不違背團體規則和紀律的前提下，影響著你這個做上司的領導效力。

屬猴的人往往自視過高，儘管他們確實聰明過人。虛榮心極強的猴子也很容易心生嫉妒，每當別人有進步或別人有的東西而他們沒有時，這種嫉妒心理便會無法遏止的表現出來。

屬猴的人競爭意識很強，但卻善於隱藏自己的想法，更善於背後制定自己狡猾的行動計劃。

與猴子相處交往時，要避免出言不遜惹得他們不高興，特別要避免批評指責，因為他們是會記仇的，特別是當你的話使得他們沒面子的時候。

有可能你已經把出口批評這件事情忘了，但是屬猴的人卻不會忘，他們不但不忘，還會覺得你自高自

大。所以，和猴子相處盡量不要嚴厲批評指責。試著用柔軟的手法來指出他們的不足，並且明確表示你這樣說完全是為了他好。

比如，一個屬猴的朋友染上賭博的壞習慣，你就不能期望用批評挖苦的話語可以「激將」他，因為他們壓根不吃這一套。也因為叛逆心很強，所以當他們的虛榮心和優越感受到侵犯的時候，他們反抗起來特別恐怖。

這個時候，你可以動之以情、曉之以理，從賭博的危害說起，讓他深刻看到自己因賭博產生的不良變化。如果說：「看到你這樣，我真的很擔心你。」絕對比指責批評強。猴子們會感到朋友的真誠，自利的思維立即浮現，讓他從自身利益考慮，認識到你的話確實是有益的。

在尋求生財之道、周到的謀劃、顯示自己的力量方面，當他們還在「奮鬥期」時，切不能冷言冷語，而應該支持鼓勵。

因為，聰明的猴子是沒什麼做不了的。

制服屬雞的人，
你需要以退為進！

雞年出生的人好幻想，有抱負，是個十足的策劃師。有很多優點：精明能幹，組織能力強，嚴肅認真，遇事果斷等。然而他們是對事物過分挑剔、追求盡善盡美的人。他們對理論性較強的問題都很敏感，處理任何問題都「有章有法」。制服這些有強烈競爭意識的人，你需要「退一步海闊天空」的智慧。

屬雞的人對殘暴的行為敢於正面指出，嚴厲批判。當他們的「正義感」用在你身上時，兩個人不相上下的爭論會讓你「元氣大傷」。

他們會採取不友好的方式和態度讓你投降，還會跟每個人訴說自己的觀點以爭取更多的「支持者」。愛與人爭吵的他們總想顯示自己的學識淵博和有理有據，一旦發生爭執，不會顧忌對方的感受。所以，如果和他們之間爭執的小火苗一旦出現，最好還是採取

「趨利避害」的方式，以退為進，以守為攻，方能制服屬雞的人。不知疲倦、富有正義感的他們還是很有同情心的，他們會在自己力所能及的情況下盡力去幫助別人。

只不過內心強烈的競爭意識總是支配著他們，所以一旦發起怒來，可能會置人於死地。

屬雞的人往往太想顯示自己，遇到問題，劍拔弩張的戰鬥裝備似乎早有準備，他們會千方百計的固執己見相信自己正確的，只承認自己的優點，不承認任何缺點。

他們的方式是向每個人訴說自己的理論，使人們相信自己，站到自己的一邊來。如果你有跟他們爭論的經歷，就會清楚的發現，屬雞的人不容易被征服。你越想跟他們「爭」出勝負，越會激發其內心的表演慾和競爭意識。

不過，如果你學著「讓步」和「妥協」，反倒會讓他們自覺過意不去而倒戈向你這邊來。

當屬雞的人嚴厲的批評聲向你投來的時候，最好是保持淡定，認清自己爭論起來不是他們的對手這個

事實。

　　而且也應該認清，就算他們不幸戰敗也不會「善罷甘休」這個事實，識時務一點，說一些贊同他們觀點的話，「你說得沒錯，我的確做得不對。」「你真是我的良師益友，讓我了解到自己的不足。」「謝謝你的勸告，很高興有你這個敢說真心話的朋友。」……這些話絕對能起作用，錯愕的屬雞者從來都是準備「衝鋒陷陣」攻擊你，他們想好了一千種你會反擊的可能，也想好了一千種可以制服你反擊的辦法，但是對你的「退步」卻沒轍，所以聽到這番話，你一定會驚訝，他們竟然會面紅耳赤的說：「其實我也有不對的地方，我不該那麼厲聲說話的。」

　　屬雞的人是愛虛張聲勢的，他們不能真正認識自己，也還沒認識炫耀、誇張給自己帶來的不利。然而他們通常都是沒有惡意的，所以你不必因為對方的虛張聲勢而跟他們大動干戈，學會以退為進，會讓他們意識到自己的不足之處，而逐漸喜歡和你交往。

永遠不要在屬狗的人面前裝腔作勢！

狗兒是既苛刻又行狹的一種動物，出生於夜間人比出生在白天的人愛挑釁。容易與別人發生衝突，所以有「憤世嫉俗」的美名，性格也有固執的一面。他們厭惡道德的墮落，不管在什麼形勢下都會起來與惡勢力抗爭。所以，永遠不要在他們面前裝腔作勢。

在屬狗的人面前故意做作的後果，便是引起他們憤世嫉俗般的不滿。

因為他們直率、誠實，為人仗義，有堅持維護公眾利益的習慣，是防護工作的「衛兵」。要記得，即使他們的力量減弱了，眼睛昏花了，也仍然是忠誠的戰士。

如果你的裝腔作勢，引人注目，讓他們認為你是惡勢力的代表，是自己要「討伐」的對象，那麼你就慘了。因為路見不平、天性喜歡「斬妖除魔」的他們

會全力以赴，而且不會因為別人的裝腔作勢而畏懼和
害怕。

在屬狗的人面前吹牛、說大話是很不明智的，他
們總是注重事實的態度會忍不住糾正這種浮誇之人的
缺點。

其實他們並非喜歡表現自己，而是出於內心的善
意，他們認為有必要去判定一個人的對錯。如果認為
自己是正確的，就決不會向你屈服。

想說大話、虛張聲勢的嚇唬人，在他們面前還是
得掂量著點，因為他們不吃這一套，一旦認為你是讓
人討厭的人，任何力量也難以影響他們的判斷。而且
狗兒不會懼怕恫嚇，越是恐嚇和嚇唬，他們越是鬥志
滿滿。

屬狗的人從心底是很厭惡喜歡裝腔作勢、裝模作
樣、拿腔拿調的人，他們一般為人坦誠、好打抱不
平，會憤怒時通常都是面對是非對錯的時候。不會因
為嫉妒、情緒低落而與人發生爭執。只有當他們意識
到對方是屬於「惡勢力」時，才會爆發他閃電式的批
評和憤怒。

　　所以，不要在他們面前「作惡」，也不要嘗試在他們面前假裝自己很厲害來嚇唬他們，他們是不畏懼惡勢力的，他們唯一怕的就是不能親手剷除「惡勢力」。

　　在與對手爭辯時，通常會用自己富嚴謹邏輯的語言來擊敗對方。

　　但當他們的冷靜論辯和自我防衛受到破壞時，會採取憤怒而激烈的抨擊手段。

　　假裝自己很有「背景」，採取威脅恐嚇的手段來逼迫他們放棄衝突，只會破壞他們的冷靜的自衛體系，讓他們失去理智，嚴格保護自己不受侵犯的狗兒不會讓人好過，絕對會讓人下不了台。

　　不過，還好屬狗的人在與人爭吵時，方式總是公開的，從不以在暗處做手腳獲得勝利。

　　狗兒坦誠，所以跟他們在一起，也要學會坦誠相待，不要故作高深、矯揉造作。

　　記住，屬狗的人喜歡和真誠直率的人做朋友，會嚴厲抨擊那些裝腔作勢愛嚇唬人的「惡勢力」！

別故作聰明，
其實你早已被屬豬的人看透！

　　屬豬跟屬兔的人一樣，只求世間平安並且與人為善，對人對事較不敏感的他們似乎不是那種容易生氣的人。其實屬豬的人雖然表面上容易受騙，但實際上還是比人們想像得要聰明。別在他們面前故作聰明、自以為是，其實你早已經被他們摸清看透，只不過你自己還渾然不覺罷了。

　　他們的聰明在於懂得用容忍的態度保護自己的利益，就算已經把對方的詭計看得一清二楚也不會捅破，會忍而待發，直到最佳的時機才給予對方一記重擊。當有人騎到他們頭上時，屬豬的人還會自動遞上一條鞭子，當別人自鳴得意時，卻早已騎虎難下不得脫身了，這其實是他們的好策略。在善良背後，隱藏著堅定的力量。

　　只要有機會，他們就能坐上統治者的寶座。如果

要比用陰謀耍手段，其實你並不如屬豬的人，而且他們的陰謀常常是建立在你的陰謀之上，當你洋洋得意以為大功告成的時候，會常常被他們「將計就計」而制服，論忍耐的智慧，論設置「連環計」的雄才偉略，屬豬的人其實一點都不遜色。

如果你故作聰明、凡事都偷偷佔便宜，別以為那些憨厚的他們都蒙在鼓裡，其實誰是君子誰是小人他們能分得很清楚，也看得很明白。

當別人以為自己佔了大便宜，為碰到的是「傻大個」而高興得意時，屬豬的人說不定會用更加絕妙的辦法還你「當頭一棒」。

「為什麼會這樣？」當你愣在一旁不得脫身的時候，他們早已用微笑告訴你什麼叫「以其人之道，還治其人之身」。

而且面對這種還擊，你還有苦說不出，誰叫你在他們面前愛耍小聰明呢？屬豬的人很重感情，他們不像屬龍的人那樣善於迷惑他人，也不像屬猴、屬虎的人那樣好蠱惑別人，而是會真誠待人、樂於幫助自己的朋友。

　　他們會持續的以忠誠、為人著想待人，保持與朋友的珍貴友情。人們可以充分信賴屬豬的朋友，因為他們不會對自己的朋友耍陰謀詭計。然而屬豬的人信任被利用時，他們會變的低沉抑鬱，消極悲觀，並且長時間不能恢復，而且被傷害的他們將很難再與這個人保持友好的關係。

　　如果有人對他們的友人不公，或當朋友受到致命打擊時，只要找到一位屬豬的朋友幫忙，他會耐心聽這位友人傾訴苦衷並拔刀相助。即使是朋友的錯誤造成的，他們也不會流露責備朋友的意思，仍會盡力幫助朋友，還會多找些人幫這個人，為其奔走解難。

　　在他們那裡，朋友不會遭白眼或聽官腔十足的訓誡。然而如果這一切都是別人一手策劃的，只是為了從他們手中獲得利益的手段，一旦計謀被屬豬的人發現，他們必定會將損失補回來，並且學得比過去更聰明、更勇敢。交上屬豬的朋友，不要用耍心機、耍手段的方式來拉近距離，你的故作聰明，他們早已看在眼裡。只要真誠相待、保持坦誠和純粹的友誼，他們一定不會忘記你這個朋友的。

第三章

怎樣讓**職位**和**薪水**節節高升！
天生的方向，人定的高度！

　　生肖裡蘊含著性格的玄機，每個人內心都潛藏著
天生的「獸性」，與人打交道，離不開投其所好，避
其所不喜。天生的特性決定了與不同屬相人的相處之
道自有其特別之處！在職場裡，怎樣和你的上司打好
交情，讓職位和薪水一升再升？怎樣和同事和諧共
處，創造更好的發展機遇？翻開本章，讓你開啟生肖
職場篇，解密與不同生肖的同事、上司的相處之道！

鼠年出生的人就像其本身的屬相一樣能夠隨機應變、冷靜機智，具有敏銳的直覺、遠見以及做生意的敏感。老鼠上司總是給人「無孔不入」的感覺，細節問題總是逃不過鼠上司的「法眼」。鼠上司超凡的洞察力或許讓你欽佩不已，然而他們對於細節問題的敏感，愛批評人的態度也會讓你戰戰兢兢。怎樣讓你博得老鼠上司的好感，獲得更多的成功機會呢？

屬鼠的人是積極和勤勞的，而且一般感情不外露。屬鼠的上司會被激怒的主要原因，是由於別人的懶惰和浪費引起的。如果你的上司剛好是屬鼠的人，就千萬不能在他們面前表現得懶惰散漫。經常遲到會讓你的老鼠上司認為你是個不值得信賴的員工，因為對細節很看重的他們認為，能力和態度都很重要。

鼠上司會從你生活、工作的一些小細節裡來觀察你，進而看出你的潛力和人品。

　　別看你的老鼠上司對部下親切熱情，沒事還會跟大家一塊聊天、噓寒問暖，好像跟所有的部下都關係不錯。但是作風散漫，工作態度不端正，絕對是引起屬鼠上司不快的致命傷，感情內斂的他們其實心裡清楚得很，所以別在老鼠上司面前以為自己得了便宜他們也不知道！

　　屬鼠的人們生性愛好拉幫結派，喜歡參與一切的事，而且經常表現得很友好。屬鼠上司其實很容易相處，他們工作努力，生活節儉，也喜歡跟他們行事作風和生活態度相仿的人。面對你的老鼠上司，最好的辦法不是說好話討好他們，因為他們不需要崇拜者，他們只對那些能創造價值和財富的事物評價較高。

　　老鼠上司很聰明，誰真正立了功，他們都看在眼裡。你的吹噓討好在表面上似乎有點用，不過實際上只是老鼠上司在「從群眾中來，到群眾中去」的親民政策而已。

　　如果你認為屬鼠上司喜歡那些油腔滑調，能夠跟他們談得來的員工，那你就是被他們的表象欺騙了。你的老鼠上司雖然會跟員工聊天，或者跟某個特別會

說話的人表現的親密了點，然而事實上能夠引起老鼠上司重視的，能夠讓他們委託重任的「千里馬」還是那些踏實、積極工作的部下。或許老鼠上司沒有跟那位「愛將」多說過幾句話，甚至還對他冷淡了點，但是晉陞機會卻會是給這位默默無聞但卻努力負責的部下。所以，碰上老鼠上司，最好還是高調做事，低調做人！

老鼠上司很會精打細算，所以跟他們提加薪方面的問題也要有點策略和技巧。加薪的理由最好要以自己的業績進步為理由，而且還要做好周全策劃。

要想從他們身上得到金錢，得經過多次談判和討價還價後才能達成協定。一個屬鼠的老闆可能會對他的員工很關心，口頭上關心員工是否有足夠的運動，或飲食營養是否合適。當員工生病時會去探望他們，把他們的問題當做自己的問題來解決。

而當談到給員工們提高他們早就應該增加的工資時，這位屬鼠上司就會變得小氣起來。

如何與**牛牛**有效合作？

　　牛年出生的人責任感強、勤勉踏實，所以工作中很受上司的讚賞和信賴。但是在工作中，你要如何跟這些務實肯做、有著牛脾氣的屬牛搭檔有效率合作呢？

　　屬牛的人是工作的奴隸，他們是那種努力工作以獲得利益和成果的人，即使工作中發生一些困難，他們堅強的耐力也會突破難關而堅持到底。

　　和屬牛的人合作時，你最好也得體會他們內心那種對工作的熱愛，不要抱著無所謂的態度，更不能潑冷水輕視對方的認真態度。

　　總之，你要學著重視這次和他們的合作，瞭解牛牛熱愛工作的心情，不要態度輕率、消極怠工。

　　牛牛最喜歡跟那種和他們一樣重視工作成果、踏實上進的人合作，如果你給他們的第一印象是這種類型的人，那麼你們接下來的合作過程將相當順利。

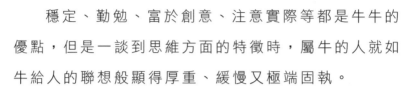

　　穩定、勤勉、富於創意、注意實際等都是牛牛的優點，但是一談到思維方面的特徵時，屬牛的人就如牛給人的聯想般顯得厚重、緩慢又極端固執。

　　他們最大的缺點是缺乏通融性，不接受朋友的忠告，最後往往變成固執己見、獨斷專行。

　　跟他們合作的過程中，勢必會出現雙方意見不一致的情形，這個時候與其跟固執倔強的他們爭執，還不如選擇冷靜的態度，給他們一定的空間和時間好好考慮和權衡。

　　牛牛不會輕易改變自己的看法，所以就算你的看法和方案是最合適的，他們也不會完全放棄自己原先的想法。所以最好的辦法就是選擇中庸之道，用折中的方法來產生一個雙方都能接受的方案。

　　屬牛的人大都很嚴肅，是重視傳統觀念的人。屬牛的上司可能給人缺乏幽默感、做事嚴厲刻板的印象，然而他們確實也是公司或團體中不可多得的人才。作為一個部門的主管，屬牛的人總是那樣傲慢和武斷，而且定下的規矩不允許人反對，認為他們的話就是法。

當然，他們知道如何下命令及怎樣使人遵循，也希望別人能嚴格執行他們的指令。

牛牛把家庭生活、工作和國家利益等都聯繫在一起，對生活和工作持實事求是的觀點。

在關鍵問題上，屬牛的人是堅持原則的。不要試圖挑戰他們的原則感和紀律感，和牛牛合作的過程中還要注意多溝通，溝通是消除誤會和不滿情緒的最好方式。

屬牛的人不滿情緒是慢慢產生的，屬於「積怨爆發」的類型。遇到有什麼不舒服的事情，他們通常悶在心裡不肯把自己的心情坦白說出來，所以旁人也很難理解他們。而且依牛牛的個性，即使與人發生糾紛也不會將自己的不滿說出來。跟牛牛合作的過程中，如果你發現他們悶悶不樂，就關心一下的說：、「你怎麼了？」；「今天工作還順利嗎？」幾句真切問候和關心的話語，也許就能把他們憋在心底的不滿抹去，你們之間的合作也將更加順利和有效率！

如何讓屬虎的顧客爽快與你簽約？

　　虎在十二生肖中排行第三，虎年出生的人獨立和自尊心都極強，喜歡單獨行動，喜歡別人服從他們，是一般人的保護者。你是否還在為怎樣讓屬虎的顧客爽快的與你簽約而困擾呢？只要你掌握他們的特質，攻心為上，在迎合老虎的基礎上說服他們，相信結果一定在你的掌控之中！

　　記住，老虎們是個愛說話的樂天派，他們其實不在乎要買的東西是不是太貴，因為他們不是那種很斤斤計較的人。相反的，對屬虎的顧客來說，消費感受和服務品質相當重要。所以要想跟屬虎的顧客爽快的交易成功，一定不能忘了抓住老虎顧客的心，做個好聽眾才能讓他們感到滿意和充滿優越感。

　　其實很多屬虎的客戶放棄與人合作，不是因為產品或者服務本身的問題，而是大部分推銷員沒有張開

自己的耳朵，因為老虎看重的不是所買的東西，而是買東西的過程中給他們帶來了什麼——例如威望、權力、舒適、安全、經濟、尊敬等。

　　一個推銷員在推銷自己的產品和服務時，其實真正推銷的是他自己，這對屬虎的人來說尤為重要，因為老虎顧客很看重推銷產品這個人的言行舉止，而對待產品本身其實並沒有那麼苛刻。

　　所以，當屬虎的客戶開口說話時，你必須專心聆聽而不是假裝敷衍，這樣既能讓客戶內心產生滿足感和愉悅感，又能讓自己找到客戶的興趣點。面對屬虎的客戶，不要喋喋不休也不要高談闊論，而是要拿出更多的精力和專業素養來傾聽他們的要求、渴望和需要，並搜集那些有助於成交的相關訊息。

　　他們會喜歡一個大嗓門推銷員沒完沒了的交談，微笑和彬彬有禮的態度才能讓他們駐足。

　　在老虎的心中，朋友是很重要的，因為他們很看重感情。要讓你屬虎的客戶爽快跟你簽約，適度展現你的親和力跟他們成為好朋友，無疑是一個不錯的辦法。他們很多消費行為都是建立在友誼的基礎上，喜

歡從自己所喜愛、所接受、所信賴的人那裡購買東西，這樣既讓他們覺得放心，也讓他們覺得鞏固了自己和別人的友誼。

怎樣跟屬虎的客戶建立友誼關係呢？記住，親和力是最重要的。態度生硬、毫無表情的人，屬虎客戶是絕對不會想要和他們做朋友的。誠懇值得信賴，態度溫和且自信，言談輕鬆活潑又幽默的推銷員會很容易讓他們有親近的感覺。把他們逗笑了，或者讚美他們會讓陌生感消失，而彼此的心就在某一點上拉近了，這樣一來，還怕屬虎客戶不跟你簽約嗎？最重要的一點，屬虎客戶是喜歡聽好話的，動聽的讚美話、恭維話，都不要吝惜在恰當時機說給他們聽。

然而記住，讚美和恭維要發自內心，要真誠的從心底羨慕對方，這樣才能打動他們，激起其內心的優越感和滿足感。

很多時候，遇到屬虎客戶的開場白就可以巧妙的從讚美客戶開始，順利展開話題，讓他們在愉悅的心情中投入到你的推銷中，自然而然，對方也會認真傾聽你的說明和推薦。

能調動屬**兔**職員，
你就是成功的上司！

　　肖兔的人往往特別溫和、文靜純樸、謙謙有禮、富有責任感。在正常的情況下，他們對工作兢兢業業，認真細緻、一絲不苟，但是卻缺乏進取精神，只對自己分內工作投入精力。如果一個領導者能調動生性淡泊的屬兔員工產生激情和進取心，那絕對是當之無愧的優秀領導家。

　　屬兔的人為人坦誠，絕不虛情假意，然而在職場中總是保持一定的警惕性。

　　成功的領導者對待屬兔的下屬，一定要學會傾聽他們工作上的需要。善於傾聽不僅能及時發現屬兔員工的長處，並且能讓其積極性得以發揮作用。

　　屬兔的員工能在一個善於傾聽自己聲音的領導者面前找到了自信心和自尊心，得到精神上的鼓舞，就會更加激發了自己對工作的熱情和負責的精神。

屬兔員工是謹小慎微的，就算是遇到困難也不會主動提出。此時，作為領導者的你要積極定期抽出時間來聆聽下屬對困難的看法，對於他們提出的意見和建議，要在一定的時間內給予答覆。屬兔的人是需要激勵的，激勵的方式可以多樣化，而物質激勵只是其中之一，但是能真正能深入員工心理的激勵，才是真情實意。「感人心者，莫過於情」，情感的激勵能充分展現領導者對屬兔下屬的重視、信任、關愛之情。當他們受到了領導者的關愛和信任，其潛在的能力和積極性便能得到激發。人情味是與屬兔員工溝通的一座橋樑，企業的領導富有人情味的談吐能有助於彼此找到共同點，消除隔膜，縮小距離。

如果能在工作之餘和他們喝幾杯咖啡，給他們一些傾訴和與上級溝通的機會，使其增加工作的動力，那對調動和激發屬兔員工的積極性是很有幫助的。

上司要贏得屬兔下屬的心悅誠服，一定要「動之以情」。親切的言語加上鼓勵，尤其是言語上的鼓勵，對兔子是意義深遠的。在電梯口或者門口遇見時，除了對他們點頭微笑之餘，如果能叫出屬兔下屬

的名字，更會令他們受寵若驚。而屬兔員工的信心大增，則工作效率必定上升，他們會感到：「我是很重要的，上司是記得我的，我得好好幹！」對待屬兔下屬，還要關心他們的生活，聆聽他們的憂慮。

在家庭中，屬兔的人對子女慈學溫和，是個很感性的動物。積極的感情能激發出他們發出驚人的力量去克服困難、積極進取的創造新業績。

要調動屬兔員工的積極性，作為「頭頭」要學著與他們交心，體會他們的心聲，這樣可以達到收服屬兔員工之心的效果。有的上司認為和下屬深交是懦弱的表現，然而不要忘了，一個企業能夠多一個忠心的下屬，就等同多了一道堅固的「後盾」。屬兔的人是忠誠的，一旦他們熱愛自己的工作崗位，必定成為對於公司前途有著關鍵重要作用的人物。

看到屬兔員工出差錯就著急發火，接著把他們狠狠訓一頓，絕對不能達到「激將」的作用。

要用充滿人情味的態度來讓屬兔員工信服你，忠誠於你，這樣才能讓他們努力工作，在你的「麾下」積極進取！

怎樣博得**龍**老大的賞識？

　　屬龍的人熱情洋溢，剛毅果斷，龍年出生的領導更是具有很強的人格魅力。職場中，你的領導若是屬龍，你要怎樣做才能博得這位「龍老大」的信任與賞識呢？

　　屬龍的人都具有夢想家的傾向，當他們為自己的夢想奮鬥時，是十分熱烈激昂的。胸懷壯志的龍老大欣賞的下屬，必定也是優秀的能人。所以，想辦法做龍老大心目中的能人，是非常重要的。

　　無論何時何地都要盡自己所能把事情做好，幫助上司解決疑難。當屬龍上司對你交代任務時，先要弄清楚上司的意圖，衡量做法。如果實在不懂就虛心請教，不要打腫臉充胖子，最後誤事引起龍老大對你產生不良印象。總之，與龍老大建立良好的信任關係，對你的工作百利而無一害。

　　記住，龍不喜歡「麻煩人」，不要總將「燙手山

芋」丟給老闆，不要以為屬龍的上司是神，什麼事情都可以幫你解決。事實上，當你對問題束手無策並且沒有一個解決方案的建議提出時，屬龍的上司就從心裡對你不滿意了。你並不是不能上報問題，只是當面問問題的時候，你應該想辦法帶著若干解決方案來向龍老大尋求意見，而不是撒手不管的把問題全盤塞給老闆。

　　龍是有些清高和傲慢的，他們很重視權力，甚至有些權迷心竅。在屬龍的上司面前，一定要正視他們的權威。如果下屬客氣的對龍老大說：「關於這個問題，我非常想聽聽你的建議。」毫無疑問就能滿足龍老大的優越感，因為從心理層面來說，這就反映了他們的強大，顯得他們是有經驗，有頭腦的，光這一點就能讓他們愉快。在比較大的事情上，一定要正視屬龍老闆的權威，如果你不希望在重要會議上被老闆否定，一定要事先徵求他們的意見。

　　如果你平時言行都尊重了屬龍老闆的權威，激起了他們的優越感，他們對你一滿意，必然會聽取你的意見，這樣你就有了堅強的後盾，對於你實施項目管

理都是有好處的。看到屬龍老闆的長處，適時讚美你的龍老大，必定能收到意想不到的效果。很少有領導不喜歡被下屬恭維，龍本身尤其喜歡被讚美和肯定。

不過讚美要恰到好處，投其所好，並不是千篇一律的好話都能贏得屬龍領導的好感，有時候要在讚美上尋求「創新」。因為他們如果聽慣了千篇一律的讚揚話時，就會懷疑對方的真誠，也會因為聽多了而漸漸的沒什麼愉悅感產生。當屬龍的領導人處境不利時，缺乏肯定和接納的他們在這個時候最需要的就是別人的肯定性評價和支持。這時下屬的鼓勵性稱讚就如「雪中送炭」般珍貴，龍老大也會因此把這位下屬記在心上。

與屬龍的上司保持良好的溝通也是相當重要的。工作的時候，給他們簡潔、有力的報告，切莫讓淺顯和瑣碎的問題煩擾和浪費他們的時間，但是重要的事情必須請示屬龍上司，因為這是權威問題。

總之，與屬龍上司相處要謹記在適當的時機，説合適的話，做合適的事情，懂得察言觀色，該説的時候説，該言簡意賅的時候絕不要拖拖拉拉浪費時間。

用什麼方法打動屬蛇的老闆？

　　屬蛇的老闆有著斯文的外表、熟練的處世態度，他們風度翩翩、善於辭令，很會鑽營，冷靜沉著，一般都具有特殊才能，有貫徹始終的鬥志與精神。要打動屬蛇的老闆，你必須得下一番工夫。

　　蛇年出生的人，天生感受性及知性都很強，他們很看重文化水準。也就是說，能力在他們眼中是最重要的。要打動屬蛇的老闆，作為下屬的你一定要做個最優秀的自己，凡事多想一步，多做一步。有許多人在剛開始工作時，為了怕做錯事情或者怕做不好事情而表現得畏首畏尾，不敢承擔事情及敢隨便發表意見，遇到自己非要做的事情時，顯得猶豫不決或過度依賴他人意見，這樣一輩子注定要被打入冷宮的。因為蛇老闆十分器重那些做事堅決果斷、敢擔責任的下屬。

　　前面就提過，屬蛇的人很喜歡鑽研，當然他們就

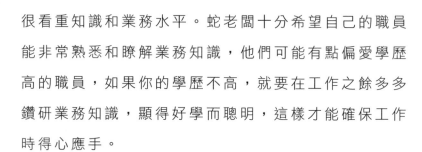

很看重知識和業務水平。蛇老闆十分希望自己的職員能非常熟悉和瞭解業務知識，他們可能有點偏愛學歷高的職員，如果你的學歷不高，就要在工作之餘多多鑽研業務知識，顯得好學而聰明，這樣才能確保工作時得心應手。

平時要注意多學習多做事，少勾心鬥角，這樣才能完成上司交給你的工作，累積自己的實戰經驗。如果讓蛇老闆感覺到你總是能完成更多、更重的任務，總是能很快掌握新技能的話，相信你在他們的心目中一定會有一席之地。不要在蛇老闆面前玩拖延戰，一旦老闆分配任務給你，如果能做到接到工作就立刻動手，並能迅速、準確及時完成的話，你的老闆一定是開心的，因為反應敏捷給人的印象是金錢買不到的。

另外在做事情的過程中，不能消極等待存在著太多的希望和幻想，慢吞吞的工作習慣最讓蛇老闆看不慣，千萬別期盼所有的事情都會照自己計劃而行。

相反的，你得時時為可能產生的錯誤做準備，因為你的拖延習慣是逃不過他靈動雙眼的。有一位屬蛇上司，你就得習慣他的敏銳「監視」，工作的時候盡

量不要閒聊。蛇年出生的老闆認為工作需要高度集中的注意力，因為他們自己也有認真專注的習慣。

所以你還是嘗試多花點時間與同事合作，把私人事務暫時擱置吧，尤其要忌諱工作中的閒聊，它不但會影響你個人的工作進度，也會影響其他同事的工作情緒而招來蛇上司的責備。

你要學著建立起一個專業人員的形象，這樣不僅讓屬蛇老闆對你滿意放心，你的整個職業生涯的發展也將受益匪淺。

人人都愛聽好聽的話，愛聽讚美自己的話，屬蛇的老闆也不例外。他們天性是愛慕虛榮的，當然這也是他們的弱點。不過作為下屬的你，要毫不吝惜的稱讚你的蛇老闆——不論他在不在場。

每當你取得好成績的時候，別忘了說一句：「感謝老闆的支持和幫助。」如果能具體表現一下當然是更好。記住，蛇老闆是絕對喜歡聽好話的，就算企業為了加強管理要求給老闆提意見，也要用尊重和巧妙的口吻滿足蛇老闆的虛榮心和優越感，切忌說話橫衝直撞，惹怒了他們，那樣的話後果可想而知。

如何與屬馬的同事友好共處？

生肖屬馬的人，永遠想搶先一步，具有不肯服輸的性格，因此凡事要能激勵自己積極奮鬥。與屬馬的同事友好相處，你需要掌握讓他們為你心動的策略。

與屬馬的同事坐在一起時，你們可以談天說地、歡聲笑語，然而就在這看似親密、融洽的關係中藏著密佈的陰霾。尤其是與你站在同一條起跑線上的屬馬同事。頗具競爭意識的他們，當個人利益受到侵害的時候，就會變成笑裡藏刀的對手。

「同行是冤家，同事是對手。」屬馬的人認為這是同事關係的真經，不服輸的他們本著這樣的態度進入職場，從心底警惕的他們其實很渴望與他人融洽相處，因為這種人性格樂觀、健談、好交朋友。對待屬馬的同事，你要真誠。他們說話的時候你要專心聽，不時給予回應。而且一定要受得住他們直率的言談，如果他們心直口快讓你不舒服，也別記在心上。

　　屬馬的人容易賺大錢，也喜歡生活奢華，愛擺架子耍派頭。屬馬同事跟你談天時，可能會炫耀自己的過去，總想引起大家的注意。這個時候，你不要為了攀比和他們計較。因為說者無心，聽者有意，他們會認為你是在吹噓自己。「從前從前如何」這類故事，你聽屬馬的同事隨口說說就好，自己不要也跟著誇誇其談。記住，謹言慎行，泛泛瞭解同事的簡歷，適當的時候求教，多瞭解工作程序便能增進你與屬馬同事的關係了，這也能為你贏得一個謙遜沉穩的印象。

　　馬兒的弱點便是不能持久，也較難保守秘密，耐心欠佳、心直口快的他們很容易發牢騷。你想要與他們友好相處，就得學著與人為善，不要充當告密者。屬馬同事發牢騷並不是真的本性如此，而是因為耐心不足養成的壞習慣，所以牽扯到某人的是非時，你最好是保持沉默，不要介入，耳不聽為淨，要記住「禍從口出」的道理。

　　經過一段時間交往後，對待屬馬同事的請求，你要爽快大方一點，不要什麼事情都拒絕。多多幫忙，互相幫助，就不會顯得孤僻和小家子氣，屬馬的人喜

歡大方、爽快的性格。很多時候，屬馬同事會故意拿人開半真半假的玩笑，這只是想試探別人的為人是小氣還是大方的，其實他們並不是真的要讓你請客。

馬兒最不喜歡把功績獨攬一身的同事，如果和馬兒共事，就要權衡大局，不要為達到個人目的攫取他人的成績。急功近利，唯利是圖的人最讓他們不齒。只顧眼前利益將失去今後長遠的發展機會，成為眾矢之的。工作業績是衡量一個人工作能力的尺度，無論如何也不能完全把功勞都包攬給自己，否認同事的艱辛無疑會遭到不滿。尤其是不服輸的他們，絕對無法容忍這種不公平待遇發生。

人與人之間交流感情、溝通感情最直接最方便的途徑就是語言。動聽的話及出色的語言表達，能使你和屬馬的同事更熟識，更容易結成友誼。和他們談話時，要記住一句話：「人人都非同尋常！」即使再煩、再累、再情緒不佳，也要把對方當做一個重要人物來看待。凡事有機會就要跟屬馬同事講幾句好聽的話，哪怕只是一句簡短的評價，比如「你今天看起來特別有精神」，或者「這個髮型很適合你！」

如果你有一個屬羊的老闆/同事！

　　屬羊的人態度溫和、說話委婉、富有同情心。如果你的頂頭上司是屬羊的人，你要如何應對，才能贏得晉陞和薪資的增加？如果你的同事是一個羊年出生的人，你要怎麼做，才能贏得他們的好感呢？

　　抓住屬羊老闆的心其實並不難，最重要的一點就是，羊上司的話你一定要聽。

　　泰勒說：「專心致志的聽，就是一種最安全而且最靈驗的奉承形式。」對於屬羊的領導者，如果一個下屬能做出洗耳恭聽的樣子，他們就具有了獲得屬羊領導好感的才能。即使屬羊領導談的是一些老調，也要傾耳凝聽，時而給予表示共鳴或者贊同的應和，這種下屬是最被屬羊領導者賞識的。

　　當然，羊上司交代任務的時候更要認真聽，絕對不能擺出一副「我知道」，「別囉嗦」的不耐煩。屬羊的上司若是發表演講，他一說完坐下來你就鼓掌，

他們會把你的敬意當做是一種優越感。如果你把屬羊領導講演中的某些動人之事又著重提出，表示自己受益匪淺，屬羊領導不會很快淡忘這件事，他們會將你的讚揚銘記在心。因為他們重大時刻的記憶力都是很好的，特別是當眾講話這種盛大情景，他們是很在意自己表現的。當然，你也不一定要等到他們發言的時候才用這種技巧，平時找到合適的時機，就可以把他們曾提到過的經典話語重複幾遍，這樣更容易博得屬羊上司的喜歡，促進你們之間的關係。與你的屬羊同事相處時，你要懂得誠心誠意欣賞對方的長處。

當對方有意無意的表示自己有多能幹時不要嫉妒他，仍要真心抱著學習的態度向他們請教。

羊兒遇事拐彎抹角的態度會使其他人感到討厭和惱火，不過沒有辦法，這就是他們的脾氣。不要試圖逼屬羊同事說出他們內心真實的想法，因為他們就是這麼委婉的人。和屬羊同事說話的時候，要給他們留點餘地，凡事不能說得太死、太絕對。

同時，聽他們說話時，要頻頻點頭表示贊同，這樣可以保持較好的人際關係。屬羊的人總將自己束縛

在自我的小圈子裡，他們離不開自己的家庭，也不能缺少喜愛的食物。他們不會忘記自己的生日及其他節日，每到這些特殊的日子，他們總想以炫耀的方式來慶祝，特別是對他們自己的節日更是倍加敏感。

如果你能在屬羊同事的生日時為他們準備個小禮物或者打一通電話、發一則簡訊祝賀他生日快樂，都會讓屬羊同事倍感溫馨令他們一生難以忘懷。

羊兒們的時間觀念不太強，所以你跟他們接觸時要不斷重新安排時間。遇到屬羊同事經常遲到的現象，要發自內心的為他們表示擔憂，說出自己的看法，力圖讓他改正這種壞習慣。或者問他們是否在生活上出現什麼不便，是否需要幫助等，這些都能激起屬羊同事的溫馨感，讓他們打從心裡覺得你是個不錯的人。羊兒不願做的事，總是以極大的耐心和忍耐力推辭。所以如果你的請求當下沒能得到屬羊同事的答應，得到的是委婉的拒絕，別以為還有一線機會能要他們答應，你大可一笑而過。

因為羊兒如果自己願意，不用你說他也會幫你做到，而不願意的事情，羊兒們是絕不會答應的。

征服屬**猴**老闆的5個訣竅！

「申猴」屬相的人有強烈的進取心，精明能幹，專注事業，很懂得抓住創造財富的機會。給你提供五個訣竅，讓你不再為如何征服屬猴的大老闆而憂愁！

升職加薪秘訣一：

瞭解你的屬猴老闆，積極適應上級的習慣！

作為屬猴老闆的下屬，要準確知道上級的長處和短處，瞭解他們的工作習慣，而且要積極適應他們的習慣。猴老闆是很聰明的人，如果你在他們面前故意表現自己，就會有做作之嫌。

屬猴上司會認為你恃才傲慢，盛氣凌人，而在心理上覺得你這個下屬是個沉不住氣的人。

不要在屬猴上司面前鋒芒畢露、咄咄逼人，交談的時候尤為注意，讓他們自己去權衡選擇，做出最好的決定。

當做下屬的你發現猴上司的決策、意見有錯誤的

時候，要婉轉提出自己的建議和看法，而不是直接點破他的錯誤。

升職加薪秘訣二：

爭取經驗，提升自己的價值！

不斷充實與自己職務相關的專業知識能力，這代表著你對自己工作的認同感，可以提升自己在此領域的不可替代性。若還能擁有其他的技能或第二專長，就更容易受到屬猴上司們的賞識。不要只滿足於做好自己的分內事，而應當在其他方面爭取經驗，提升自己的價值。即使是困難重重的任務，也要勇於嘗試。

屬猴的領導者器重那些敢闖敢做的下屬，但是要注意分寸，因為在任何方面都努力進取，容易招人嫉妒。

升職加薪秘訣三：

做個能幹的下屬！

若能幫助你的屬猴上司發揮其專業水準，必然對你有好處。你的時間管理能力從做事的效率中，可以

看出你在項目執行上的成熟度，別人處理一件事的時間裡，你若能又快又好的同時完成兩件以上的事情，不但可以顯現出你在時間管理上的能力，對於項目執行的能力也能同時勝出。

屬猴上司經常討厭做每月一次的報告，你不妨代勞。總之，要讓猴年出生的上司覺得你是好幫手，才能有更多的升職加薪的機會！

升職加薪秘訣四：

注意團隊合作的責任感。

屬猴上司很看重懂得合作的下屬。如果你是個屬於單打獨鬥個性的人，想要挑戰升職的可能時，要記得盡可能從協助週遭有需要的同事開始，這代表著你可以承擔更多的責任與壓力，以及有協助團隊渡過困難的能力。

讓團隊成員為你的協助成為口耳相傳的部隊，一旦博得猴老闆信任，加薪就更靠近你一步了。

升職加薪秘訣五：

讓老闆看到你的改變。

對待屬猴老闆的批評，真正從中學到東西及改進工作方法。最令屬猴上司惱火的，就是他們的話成了下屬的「耳邊風」。

如果你對屬猴上司的批評置若罔聞，依然我行我素，很可能會激起他們的憤怒，認為你太瞧不起他們了。

面對屬猴老闆的批評，要虛心接受，不發牢騷，以正面的樂觀態度迎接挑戰，減少抱怨必能贏得老闆的賞識。

怎樣讓屬雞的同事看你順眼？

屬雞的人擅長看穿別人的心思，並且反應敏鋭，無論遇上什麼突發情況，都可以立即想出對策。在待人接物方面，他們屬於社交能手，和新認識的朋友也可以和睦相處。所以，他們能成為一個温和、親切的人。但屬雞的人一旦面對利益問題就會變得狡猾，如何讓屬雞的同事看你順眼？你還得再修煉！

雞年出生的人頭腦不錯也很靈巧，所以能得到上司的信任。看重屬雞的同事，多尊重他們的看法和言論，是與他們相處的第一要訣。

屬雞的人喜歡從同事那裡獲得很多肯定性評價，熱情、信任、讚美、幽默感都是他們很喜歡聽的恭維話。屬雞的同事喜歡談論他們認識的那些人，喜歡修飾，認為悦人的外貌是生活中最重要的事情。

當屬雞的同事幻想時、大説特説時，你要讓他們暢所欲言，因為他們渴望自己能被他人認為很重要。

一旦能夠滿足他們這些小願望，他們也會反過來尊重你。善於傾聽屬雞者喋喋不休的傾訴，最容易獲得他們衷心愛戴。

雞年出生的人，通常無論在學校還是在公司，都會將一切整理得有條不紊，而自己的房間卻像垃圾堆一樣雜亂。

如果想讓屬雞的同事看你順眼，就別讓你的工作間邋遢不堪，下班的時候把辦公桌收拾乾淨，別把文件堆積在小小的桌面上；如果是共有的辦公室，記得要倒垃圾積極一點。

印象很重要，當他們看到這些小細節時，會覺得你是個很有修養和品德高尚的人，則更容易跟你和諧共處。

對待自己的成就要輕描淡寫，在屬雞的同事面前，謙虛一點總是比較聰明和受歡迎的做法。屬雞的人在誇張的言行中，會帶著一絲吹噓的意味。如果你也跟著吹噓自己的過去，顯示自己很有能耐，不僅會讓他們劍拔弩張的跟你攀比炫耀，也會掀起一場誇耀「大賽」。

不過，屬雞的人是十足的幻想家，他們誇張起來連眼皮都不會眨一下。如果你在誇耀爭辯中敗下陣來，也不是什麼特別大的損失。不過讓他們從此看你不順眼，事事與你作對，那就真的得不償失了。

屬雞的人對權威沒有好感，他們樂於幫助他人，喜歡開玩笑。

如果是同級同事，不要在屬雞同事面前顯得很厲害，自高自大的樣子最讓他們厭惡。不要輕易打斷他們的話，讓對方表達自己的思想，在對方講話結束的時候再提出自己想要提出的問題。

「我已經早就知道了！」；「這都做不好！」；「不知道，你不會問我。」這一類的語句最好不要對他們說。

過於招搖會引起他們的反感，你的一個不以為然的眼神或輕視的聲調，有時候比咄咄逼人的話語更能傷人。

與屬雞同事相處要記住，無論你多麼能幹，多麼自信，也要避免孤芳自賞，更不要讓自高、自大害自己成為「孤家寡人」。

當他們總是跟你唱反調時，你就得當心了，現在改正自己那些自高、自大的臭脾氣還不晚！不要在背後議論他們的是非，管好自己的好奇心，對於屬雞同事的弱點或私事保持沉默，才是最聰明的做法。

學會體諒你的同事，不論職位高低，每個人都有自己的工作範圍和職責，所以在權力上不能喧賓奪主，但是也不能說出「這不關我的事情」這類有傷感情的話。

過於涇渭分明，只會破壞你和屬雞同事之間的感情。

照顧好你屬狗的下屬，
你將獲得不小的業績！

　　屬狗的人是保守認真、正義感很強的人。由於具有忠誠的個性，所以如果一旦屬狗的員工在一個公司得到有效的利用，他們的正義和忠誠必定會為整個公司贏得不小的業績。作為一個聰明的領導，要學會欣賞屬狗下屬的魅力和能力，有效運用他們的才能，才能好好發揮他們的作用。

　　生性小心、謹慎的狗兒做事很低調，缺乏表達能力，很難將自己的心意傳達給對方。作為上司，應當瞭解屬狗下屬的專長，以及他們的期望是否與本身職位相符。唯有如此，他們才能認定目標努力工作，發揮自己最大的潛力。

　　胡亂指派屬狗下屬做一些根本不擅長的工作，只會讓他們心生不滿，而被取代工作的人也有被冷落的感覺。從他們上班的第一天起，就要讓他們清楚自己

的職責和權力範圍、明確工作目的，並且表達你對他的期望。無論何時，交給了他們的工作，就放心讓他們處理，只要在適當時候過問工作進展，以防止他們偏離目標就可以了。

狗兒在疑惑上浪費了很多的時間，有悲觀主義傾向，上司的主觀判斷很影響屬狗下屬的工作情緒。上司應當站在屬狗下屬的角度和立場上看待他們的工作進度。在與他們溝通時，「這樣做不對」的說話方式，如果改成「你認為這樣會不會比較好呢？」他們聽起來會更容易接受你的意見。

從細小處讚美你的屬狗下屬，如果他們立了比較大的功勞，更應該予以適當的精神和物質鼓勵，其中以精神鼓勵是見效最為明顯的。

大事的影響和意義一般人都能看得見說得出，小事卻不是人們都會發現的。比如樂於助人、整理辦公室衛生、做事主動積極這些小細節，都是值得讚美的地方。

屬狗的人富有服務精神，秉性純良，缺乏信心的他們很需要上司的支持和鼓勵，有時候雖然只是幾句

無心的讚美，反而能激起他們驚人的工作熱情。

　　領導者除了要在下屬身上下工夫外，也要注意提高自身素養和人格魅力，其中領導者本身的人格魅力，更能吸引屬狗下屬的忠誠感而為其效勞。一個領導者如果只會用那些手中的權力去命令他們做事，那是不明智甚至是愚蠢的。結果是讓你的下屬只會服從你的命令卻不會喜歡你、忠於你。屬狗員工的工作如果是被動消極的，他們就會採取某種手段來敷衍了事。而如果你懂得關懷屬狗下屬，用你的人格魅力打動他們，讓他們心甘情願的為你工作，這才是最聰明的做法。屬狗的人，絕不會做壞事，然而他們頗具批評性，對待尖銳的批評他們反應也很尖銳，他們太容易推論，能將事情切割得支離破碎而不是綜合全局來看。

　　領導者若是能用寬容感化下屬，對待屬狗下屬犯下的錯誤，找他們好好談談話，用談心的方式一步步讓其瞭解到自己的不足和錯誤，相信他們就能改進，而不是在領導的指責聲中低頭。

如果你的大客戶是屬豬的⋯⋯

生肖屬豬的人，一般而言頭腦比較冷靜，待人接物都比較熱情也很富有，最喜歡奢侈享受，處處顯露出他們的高品位。如果你的大客戶是屬豬的，記住學會投其所好，真誠的態度加上正確的技巧，才能贏得他們的青睞。

長久以來，「投其所好」都是個貶義詞。而當「投其所好」的目的是光明磊落、合乎情理的，就屬於攻心為上的心理戰術了。心理學上顯示，情感引導行動。積極的情感，比如喜歡、愉悅、興奮往往能產生接納、合作的行為效果；而消極的情感，如討厭、憎惡、氣憤等則會引起排斥和拒絕。

如果你想要屬豬的客戶相信你的推薦是對的，並且按照你的意見去購買消費，那就首先要讓他們喜歡你，當他們對你產生好感，對你推薦的產品也就產生接納的情緒了。

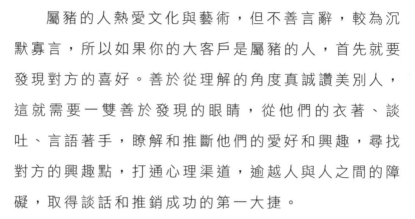

　　屬豬的人熱愛文化與藝術，但不善言辭，較為沉默寡言，所以如果你的大客戶是屬豬的人，首先就要發現對方的喜好。善於從理解的角度真誠讚美別人，這就需要一雙善於發現的眼睛，從他們的衣著、談吐、言語著手，瞭解和推斷他們的愛好和興趣，尋找對方的興趣點，打通心理渠道，逾越人與人之間的障礙，取得談話和推銷成功的第一大捷。

　　在說服屬豬的人時，我們常遇到的情況就是，對方不是在聽你說，而是在做或者想其他的事情，或者嘴裡應付著你，眼睛卻注意著別的地方，甚至還轉移話題。

　　遇到這種情況，你就應該投其所好，放棄原有的推銷和說服，順著他們的思路和話題，尋找他們的興趣點在哪裡，從「要害關鍵處」尋找最佳切入口。

　　記住，微笑能建立信任，與他們交談時，要時刻保持友好的微笑，表明你對他們抱有積極的期望，這樣能消除他們的疑慮，使其不再遲疑的掏出錢包。

　　關鍵時刻要懂得「此時無聲勝有聲」的妙處，當你看到他們沉思的時候，那他其實已經有八、九成要

購買的意思了。這個時候,你不能喋喋不休的説個不停。因為他們很精明,覺得真正好的、流行的東西會賣得很好,自然不會滯銷,而你説得越多,他們反而會心生疑慮,「難道這是賣不出去的嗎?」推銷是一門藝術,它能説服別人來買,也能創造一種微妙的氣氛讓消費者不由自主的想買。

所以,你要懂得創造這種微妙的氣氛,讓你的客戶覺得這商品是很暢銷的,不需要推銷也能賣得相當好,而作為推銷員的你只是真誠的為客戶著想而已。

他們一般都有天真、温和的性格,從來不會懷疑別人,然而也最討厭被欺騙。如果你想跟屬豬的客戶建立長久牢靠的交往關係,做生意就要誠實誠信。

雖然很容易上當,但是上了一次當,就別想他再上第二次當,而且人緣極好的他們很可能不只是自己一個人負氣離去,還會帶著一大幫朋友離開沒誠信的商家呢!

第四章

為什麼你現在還是窮人？
萬千財富計劃，盡在生肖之中！

　　大千世界，有人腰纏萬貫，有人卻窮困潦倒，生
肖裡不僅藏著人際交往的玄機，更藏著萬千絕妙的財
富計劃。每一個屬相都有適合而且促進這個屬相發財
致富的生財和用財之道，為什麼現在還沒有登上富裕
路，必定是沒有使用正確的理財方法。不同的財富之
路，萬千財富之道，盡在生肖玄機之中。

鼠◆愛花錢則口袋空空！

鼠年出生的人精明能幹，不乏財大氣粗之輩，很多屬鼠的人都素有月光族的「美譽」。愛花錢的消費習慣往往會讓他們經濟拮据、口袋空空。也因為經常花錢如流水，所以很多時候一個月的薪資就這樣不知道「流」向了何處。儲蓄對他們來說是一件很難得的事情，如果錢不是多到一定的程度，他們很少上銀行辦儲蓄業務。而要克服這個壞習慣，需要學習一些克制自我的理財手段。

第一步→開支預算，量入為出！

理財的根本，在於有財可理，所以首先必須要聚集財富。

應建立理財檔案，對一個月的收入和支出情況進行記錄，看看錢到底流向了何處，然後再對消費情況進行分析。哪些是不可少的開銷，哪些是不該有的開銷，而哪些消費卻是可有可無的。

俗話說「錢是人的膽」，沒有錢或賺的錢少了，則各種消費的慾望自然就小。但是當手裡有了錢，消費慾則立刻就會膨脹。所以，要控制消費慾望，特別要逐月減少「可有可無」以及「不該有」的消費。

第二步→學會記帳，掌握資金狀況！

俗話說「賺錢針挑土，用錢水沖沙」，每個月的薪資往往是已經花完了，而事後卻不知道到底用在哪裡。

記住：透過記帳的方法，你就能知道自己每個月的錢到底都用到什麼地方去了，也能想想自己什麼是應該花的，什麼是沒必要的消費。

而且採用記帳的方法，可以時時刻刻提醒你已經花了多少，這樣你最少不會入不敷出。

第三步→開始儲蓄，逐漸累積！

可以先到銀行開立一個零存整付的帳戶，每月發了薪資，首先就到銀行存錢。

如果存儲金額較大，也可以每月存入一張一年期

的定期存單，一年下來可積存12張存單，需要用錢時就可以非常方便的支取。

這種「強制儲蓄」的辦法，可以改掉亂花錢的習慣，進而不斷累積個人資產。此外也可考慮階梯式組合儲蓄法。在前三個月時，根據自身情況每個月拿出1000-1500元存入3個月定期存款，從第4個月開始，每個月便有一個存款是到期的。

如果不提取，可自動將其改為6個月、1年或者2年的定存利率；之後在第4到第6個月，每月再存入一定的資金作為6個月的定存。

這樣的「階梯式」操作，不僅保證了每個月都有一個帳戶到期，而且可自由提取的數目也不斷增加。

第四步→學會投資，科學理財！

如果能做到有計劃的支出，月收入30000的完全可以省出10000多元來，這10000元進行合理投資的話，屬鼠的「月光族」們每月青黃不接、口袋空空的經濟現狀將徹底改觀。可以每月用10000元投資於貨幣市場基金，這樣的話一年就可以投資120000元。

如果當地的住房價值適中，房產具有一定增值潛力，可以辦理貸款，購買一套房或二手房，這樣每月的薪資首先要償還貸款本息，減少了可支配資金，不但能改變「月光」的習慣，節省了租房的開支，還可以享受房產增值帶來的收益，可謂一舉三得。

另外，每月拿出一定數額的資金進行公債、開放式基金等投資的辦法也值得屬鼠的「月光一族」採用。

牛◆聰明的牛，從來不會讓帳目超支一分錢！

　　牛年出生的人低調謹慎，從來都不會出現「月光族」經濟赤字的現象，他們踏實工作，努力儲蓄，節儉用錢。很多牛牛們都有建立預算和記帳的習慣，他們很精明，從不亂花錢，對於不必要的花費總是避而遠之，就算是開銷較大的商品，也是經過深思熟慮後做出明智決策。

　　「謹慎投資，保守消費」的牛兒們走著穩穩當當的財路，但是也因此失去很多絕佳的發財機會，生活上也因為消費不足而顯得乏味單調很多。

　　他們思想保守，現實生活中由於受生活習慣、思想觀念等因素影響，消費精打細算，甚至從來不讓帳目超支一塊錢，在理財的認識上存在許多錯誤觀念。他們保守的觀念，認為理財就是存錢、收利息，固執的想法常常影響自己的財富之路。

　　對此，應改變「聰明反被聰明誤」的理財辦法，接受理財「新思路」！

第一步→積極利用新的投資工具！

　　目前許多銀行推出了「錢生錢」、「薪加薪」、「保利理財」等新的理財業務，這種業務一般是銀行與證券公司聯合推出，客戶在銀行開立理財帳戶，然後受托方將客戶資金用於公債回購、購買記帳式公債、炒匯、申購新股等運作，賺錢之後向客戶分紅。

　　對於屬牛的客戶來說可以和存錢一樣省心，又能獲取高於一年定期存款的收益。牛牛可以用到期的存款，按照收益性和穩妥性的原則綜合衡量，擇優介入各銀行的理財業務。同時，還可以利用銀行新推出的業務購買記帳式公債，其投資價值一般高於儲蓄和憑證式公債。另外，也可以適當購買債券型基金或貨幣基金。

第二步→能賺也要會花錢！

　　屬牛的人能吃苦、會賺錢是聞名的。善於累積財

富的他們不但要能賺錢，而且要會花錢。沒有房子的牛牛要首先考慮買房產，而有房子的牛牛則要考慮有步驟地換更好的房子。要學會把錢花在刀口上，才能不斷追求安居樂業的家庭夢想。住房貸款利率相對較低，貸款買房後可以將家庭積蓄投到生意或投資中，才能有助於優化家庭財務結構，提高投資收益。

所以不要只是一味儲蓄，多一點投資意識和科學理財意識，能更快實現自己的財富目標。

第三步→改善生活和健康的消費！

進入新時代，要改變傳統的消費觀念，節儉消費看似省錢，但造成了生活品質不良的各類問題，也會影響生活品質，得不償失。

所以屬牛的人要注意增加必要的生活開支，或適量購買生活用品。可適當增加用於外出旅遊、購買健身用品及娛樂類的消費，以保持良好的身體和精神狀態。健康、文化類消費，提高了生活質量，減少了因為生活單調而產生壓力過大的機率，這實際上也是一種科學理財。

虎◆你的風險投資需要加一份冷靜！

　　屬虎者是熱情大膽的人，對待錢財也是如此，他們果敢善斷，對錢財也是抱著「錢要用了才不會失去」的態度。喜歡從事風險投資的他們，偏愛激進和冒險，崇尚「要不就是賺很多錢，要不就是賠很多錢」的慷慨激昂。樂天派的老虎如果能給自己的風險投資上多加一份冷靜，就能獲得更穩健的投資收益，你的財富之路也將更加順利通暢！

　　屬虎的人擁有著超乎尋常的承受力和判斷力，是勇敢大膽的投資者，當然也容易演變成貪婪、投機的瘋狂之人。理財需要理智和冷靜的判斷，不能憑一時意氣，就斷定這是穩賺不賠的事情，把錢往裡面砸。很多虎兒就是吃了這種盲目意氣用事的虧，落得錢財空空的窘境。所以虎兒要在自己的勇敢和豪氣中添上幾分冷靜，這裡有幾個建議，讓屬虎的朋友在理財道路上不走冤枉路。

第一步→「三要三不要」投資理財法！

著名的投資家巴菲特，從來都是看中穩健投資，絕不做「沒有把握的事情」。巴菲特投資理念精華的「三要三不要」理財法很適合幫助老虎們走向穩健的投資道路。「三要」是，一要投資那些始終把股東利益放在首位的企業；二要投資資源壟斷型行業；三要投資易瞭解、前景看好的企業。

「三不要」就是不要貪婪，不要跟風，不要投機。巴菲特的「投資不投機」是出了名的，他購買一種股票時絕不在意來年就能賺多少錢，而是在意它是不是有投資價值，更看中未來5到10年能賺多少錢。他常說的一句口頭禪是：「擁有一支股票，期待它下個星期就上漲是十分愚蠢的。」

第二步→未雨綢繆，加入保險！

屬虎的朋友如果都有醫療保險和養老保險，但從收入和物價上漲的長期趨勢來看，二十年後如果單靠養老保險，恐怕只能滿足吃飯等基本生活保障，因此

與其將多餘的資金投入到風險投資中，還不如加入保險未雨綢繆。這樣不但可以確保家庭意外變故下的生活保障，還能補充退休後的家庭收入，提高晚年的生活品質。現在保險公司的各類產品也有投資效益，而且風險遠小於其他金融產品，不妨一試。

第三步→優化投資，揚長避短！

虎年出生的人想法獨特，常常會有很多新奇點子冒出，所以民間集資、民間借貸往往容易發生。

表面看來民間集資似乎收益很高也較為穩妥，但民間集資、借貸的風險往往是帶有延遲性和不確定。別人參加了好幾年都沒出問題，但往往會有人剛參加不久，就因借款人經營虧損、惡意逃債、被法院查封等原因而造成血本無歸。

所以，對於這類集資，不能只看眼前收益，應充分考慮風險，盡量別碰或少碰為好。

兔◆把眼光放長遠，你會更富有！

　　屬兔之人是生性淡泊的人，平淡甚至有待提升的生活也不會讓屬兔之人感到煩惱，他們安於現狀，現在吃得好、穿得暖就不會想到將來會怎樣。生性懼怕風險的他們不喜歡搞投資，特別是長期投資，他們喜歡做那些短期就能得到收益的事情。你會覺得奇怪，為何樂透、運動彩這類玩意能引起他們的興趣，而股票、基金卻無法讓他們掏出錢包呢？

　　屬兔的人一般都目光欠長遠，他們不會主動投資找上莫名其妙的風險，就算是儲蓄也是被逼的。屬兔之人生性謹慎，這一點與屬龍的人剛好相反。

　　他們喜歡安分守己的生活，做一些自己無法預測結果的事情。從工作性質上看，他們偏愛那些穩妥安定的工作。

　　挑戰性和風險無法讓他們有安全感，因為兔子本身就是敏感、小心的物種，對待錢財他們更是如此。

　　然而若是想要獲得更富足的生活，就必須要把目光放長遠，在錢財的使用和管理方面多一些遠見，少一些不必要的近憂。

　　受「無債一身輕」傳統觀念的影響，許多會把是否有外債作為家庭財務狀況的「晴雨表」。

　　其實，在如今理財品種增多、人們理財方式逐步轉變的情況下，負債已經不完全是衡量家庭財務狀況的標誌：負債並不代表家庭的財務狀況不好，「無債一身輕」也不能代表家庭的財務結構很科學，關鍵是看資產和負債能給家庭帶來多少收益。

　　所以，屬兔的人可以「大膽」藉助銀行信貸買屋、買車，而用替換出的家庭積蓄進行高收益投資或者其他方面的消費。

　　屬兔之人一般喜歡儲蓄和公債，是屬於保守型投資者，這種投資方式雖然較為穩妥，但其年綜合收益率較低，很難抵禦物價上漲帶來的資產貶值風險。所以，可以在瞭解和學習理財方面的知識前提上，嘗試被動型高收益投資。

　　此外，購買運作穩健、成長性好的開放式基金或

具有儲蓄性質的保本基金、貨幣基金能取得較高的收益。要訓練自己的長遠目光，就要懂得用閒錢進行主動投資。然而這種投資的收益完全依賴於自己的主動型理財操作，收益的多少，與投資大環境和自己的操作方法有關。如果購買一些市盈率較低的通信、金融、能源等壟斷和高成長行業的股票，可以分享國民經濟增長的成果，取得較高的投資回報。

另外，屬兔的人對藝術行業頗有天賦，可以考慮適當介入炒金、收藏等業務。

龍◆小心謹慎，理財才能萬無一失！

屬龍之人從不怕風險，似乎有風險的地方就更能展現他們的光彩。對待高風險的投資，總是能以其毫不懼怕的態度冷靜應對，他們認為高報酬的投資都有高風險，而風險是無法規避的。然而屬龍的人欠缺小心謹慎的態度，往往太過張揚和隨性，大刀闊斧往往會成為盲目逞英雄的代號。屬龍的人該知道，理財的成功之道就在於能夠掌握高報酬率，並能管理隨之而來的風險，時刻小心謹慎一點，才能讓你的財富之路通暢自如。

規避風險是人類的天性，然而屬龍的人風險意識卻略微欠缺，因為有點樂天的他們反而認為不冒險才是最危險的事情。

在他們的思維裡，過去一個人可以不冒險就能安安穩穩的過日子，但現在絕對不行。然而現實確實如此，很多成功都是建立在事情無法預測的情況上，未

來越是充滿風險，財富的雪球就很有可能越滾越大。只要經濟持續成長，企業獲利能力不斷上升，長期而言，整體股市的期望報酬率必然會高於銀行存款。

其實龍的風險認知是很正確的，不過他們存在的問題，就是不夠謹慎和小心，缺乏全面思考的耐心常常是他們投資失敗的致命傷。

龍要想在理財之路走得萬無一失，就不要冒不必要的風險。賭之所以必輸，原因是賭博的期望報酬率為負值。少數幾次看不出來，但經過的時間越長，它的真面目就會越加顯露。這叫做「大數法則」，賭場也是利用了這一點來賺錢的。

屬龍的人有錯誤的觀念，認為「高風險一定有高報酬。」冒這種風險不但無法獲利，反而有可能傾家蕩產。他們失敗的原因不在於缺乏冒險精神，而是冒了不該冒的險。

在投資前要先學會分析風險、趨吉避凶、趨利避害。像期貨、外匯保證金交易、債券保證金交易、六合彩、摸獎、短線操作股票等等都是高風險、負報酬的活動。可以抱著娛樂的心態去從事以上遊戲，卻千

萬不可想要依靠這些遊戲為你創造財富。要冒險，一定要冒該冒的險，就好比打仗一定要打有把握的仗一樣。

在衝鋒陷陣、大刀闊斧的進行投資之前，不妨借用別人保守謹慎的思維好好想想，到底這風險值不值得去冒？有沒有那麼容易就獲得那些所謂的高報酬？小心駛得萬年船，要時刻謹記，錢財不能當兒戲。想想自己當初賺錢的艱辛，你就會選擇三思而後行的謹慎態度了。制定預算，並且試著實施起來。

很少有屬龍的人會制定預算並且參照實施清楚自己的錢是怎麼花掉的，有些龍甚至還搞不清楚自己到底有多少收入。

沒有這些基本訊息，就很難制定預算，並以此合理安排錢財的使用。搞不清楚什麼地方該花錢，也就不能在花費上做出合理的改變。

財富並不是指賺了多少，而是指還有多少。必須知道，一份具體的預算，對你實現理財的目標很有好處。

蛇◆給屬蛇之人的理財忠告10部曲！

第一步→理財，無論何時都不會晚！

屬蛇的你總是無法接受讓錢生錢的致富道路，如果你現在還沒開始用科學的態度理財，認為理財只是有錢人的事情那你就大錯特錯了。很多屬蛇的人覺得能花錢就夠了，沒必要懂得如何管理，其實這是個很大的錯誤觀念。國內外理財專家的研究和一些理財實例顯示：理財觀念是一生一世的事，從三歲頑童，到耄耋老年，只要生命存在，只要你需要生活，你就不應離開理財。

第二步→調整理財觀念！

成家之後的理財不再是一個人的事了，而是兩個人、兩雙手在共同累積家庭財富的「金字塔」。

這時，兩人正年富力強，收入會穩步增長，不知不覺間存摺上已累積了五位數甚至六位數的金錢，收益最大化成為家庭理財的第一目標。因此要隨時調整

自己的理財觀念，適應變化。

第三步→理財從儲蓄開始！

講到理財，無疑有很多種方法很多種門路，可能一本書都無法窮盡。

但最主要的，也是剛剛踏上理財之路的屬蛇朋友們應該謹記的是：無論收入多少，一定要留下一部份的錢儲蓄起來。

第四步→養成終身投資的好習慣！

當屬蛇的你檢視世界上那些成功創業人士的經驗時，會發現他們都有一個良好的習慣，這就是終身投資。即使是在他們經濟條件並不寬裕時，他們也會努力本著投資的原則執行自己的財務計劃。

一旦機遇來臨，這辛苦存下的錢便成為他們成功的起點。

第五步→最重要的理財就是投資自己！

投資自己是一種態度，更是一種意識。對於大多

數人，特別是只能靠自己的努力才能改變命運的人來說，每個人都是潛力股，但是這支潛力股的價值不能指望別人來提升，我們得透過自己投資來增加股票的內在價值，所以最有價值的投資，就是投資自己。

第六步→設置合理的理財目標！

理財是一種長期、全面的人生規劃，它會隨著人生不同階段的變化而不斷發生改變。不論任何目標，都要有計劃，堅定不移的去完成。

第七步→堅持就是勝利！

理財貴在堅持，應該憑藉自己的理智和恆心踏上通向財富之門的大道。調查顯示，四分之三的百萬富翁買一種股票至少持有5年以上，將近4成的百萬富翁買一種股票至少持有8年以上。

第八步→投資之前保持冷靜！

許多人在投資過程中存在「隨流」的心理，有的甚至毫無安全防範意識，對各種投資訊息不加分析，

只聽小道消息，盲目從眾。

千萬不要被所謂的「高收益」沖昏了頭腦，必須客觀、冷靜的分析投資風險。

第九步→綜合選擇投資渠道！

「不要把雞蛋放在一個籃子裡」的理財忠告很有道理，要根據個人情況，對眾多投資方式綜合衡量、優中選優是非常重要的。

第十步→投資要注意防範在途風險！

像過馬路一樣，行進中也存在意料之外的風險。

應關注投資品種的年報、季報、收益、利率等變化情況，及時做出正確選擇，以避免投資途中被「絆倒」。

馬◆耐煩是成為富有的第一要義！

　　馬兒是出了名的急性子，缺乏耐心在理財這件重大事情上也暴露無遺。理財貴在堅持，持之以恆才能聚斂越滾越大的財富「雪球」，馬兒無論是儲蓄存錢還是投資，都顯得急功近利，總是因為耐性不夠而功虧一簣。要想變富有，你就必須要謹記：耐煩是成為富人的第一要義。

　　為什麼許多馬兒會犯同樣的錯誤？總是在外界誘惑下輕易放棄自己在理財道路上的堅持，只能隨著別人兜圈子，而與自己垂手可得的財富失之交臂？其實這道理很簡單，如果不曉得自己的前進方向將很難到達目的地。如果前進的方向是錯的，那麼代價將更為慘重。

　　要想成功的投資理財，就要拋棄半途而廢的不良習慣，也要訂定合理的致富目標。沒有目標，你就會茫然不知所指，若是個錯誤的目標，也會付出悲慘的

代價。沒有正確理財目標的馬兒，雖然擁有難得的智慧，但總把精力放在小利益上最終因小失大。屬馬的人做事有熱情、腦子靈活，這些都是優點。但是也因為這樣，做起事來往往缺乏耐性，而這也是理財中的大忌。

前面說過了，理財不是一夜暴富，要靠細水長流的長時間累積才能收到預期的效果。所以，屬馬的朋友們如果在理財之初沒有建立這樣的認知，沒有養成持之以恆的習慣，而是三天捕魚兩天曬網，那樣不但很難實現預期的目標，而且還很容易讓自己喪失對理財的信心。

屬馬的你雖然渴望致富，但也不能像無頭蒼蠅一樣四處瞎撞，你需要冷靜智慧的頭腦去思索。每個人差不多都有愛好、特長和興趣，將之延伸就可能成為致富的手段，這是當今許多工薪階層的理性選擇。

致富的途徑很多，從大的範圍來說，投資創業，包括個人獨資辦企業或與人合夥辦公司可以致富；進行金融投資可以致富；還可以找份好工作獲得高薪；還有透過發明創意賣專利獲得財富。從投資理財相對

較小範圍來說，投資理財中包括炒股、期貨、基金、炒匯、債券、房地產、保險、黃金、收藏品、銀行存款、貸款等各種投資工具，屬羊的你會選擇哪一種呢？其實無論哪種理財方式，哪種理財工具都可以使你成為富翁，就看你擅長什麼？有什麼基礎？愛好什麼？而最重要的關鍵，是你懂得「堅持就是成功的道理」。

耐煩是致富的第一要義，然而要切忌急功近利，定下毫無實現可能性的目標，會更讓自己喪失鬥志變得不耐煩而選擇放棄。

如果你的財富目標定為：「我要做李嘉誠」，那麼可以肯定你很難富有，因為你的目標太遠太空了。你必須預料自己在完成過程中會遇到什麼困難，然後逐一把記錄下來加以分析，評估風險，依重要性把它們排列起來並解決它們。

對於馬兒來說，目標是一個看得見的標靶，隨著這些財富目標的實現，你會有巨大的成就感，然後能繼續一步步大膽的向新財富目標前進！

羊◆學會開源節流，向儲蓄派轉變！

大部分屬羊的人喜歡先消費後理財，是屬於「消費派」，這是他們存不下錢來的主要原因。而且，很多都市裡屬羊的年輕女性較容易成為月光一族。當羊兒遇到事情，需要拿出一大筆錢來時，他們往往會捉襟見肘。所以，對於羊兒來說，平時要養成「先儲蓄再消費」的習慣，向「儲蓄派」轉變，這才是正確的理財法。

實行自我約束，每月在領到薪水時，先把一筆儲蓄金存入銀行(如零存整付的定存)或購買一些小額基金，「先下手為強」存了錢再說。這樣，一方面可控制每月預算以防超支，另一方面又能逐漸養成節儉習慣，改變自己的消費觀甚至價值觀，以追求精神的充實，不再為虛榮的外表所惑。

這種「強迫儲蓄」的方式也是累積理財資金的起步，生活要有保障就要完全掌握自己的財務狀況，不

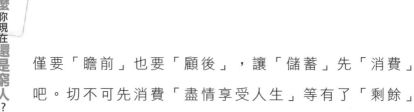

僅要「瞻前」也要「顧後」，讓「儲蓄」先「消費」吧。切不可先消費「盡情享受人生」等有了「剩餘」再去儲蓄。

羊兒或許會問，怎樣才是合理的儲蓄呢？我們都知道，理財是為了實現人生重大目標而服務的，而每月的儲蓄其實就是投資的來源。

因此，合理的儲蓄應該先根據理財目標，透過精確的計算，得出為達到目標所需的每月準確的金額；然後量入為出，在明確理財目標的指引下，每月都按此金額進行儲蓄。至於每月的支出，那就是每月的收入扣除每月的儲蓄額後的結餘了。

有些人可能會説，「收入-儲蓄＝支出」與「收入-支出＝儲蓄」不是一樣嗎？從數學的角度來看，這兩個等式確實一樣，但從理財的角度看，兩者卻有著天壤之別。

每個人的收入基本上都是確定的，可以變化的也就只有支出和儲蓄了。

如果是後一個等式，那麼儲蓄就變成可有可無，有就存，沒有就不存，並不是必須項。這也就是很多

人存不了錢、理財規劃做不好的原因所在。只有重視儲蓄，真正把它當作一項任務去完成，理財才有成功的可能。

　　合理儲蓄竅門有二：一是修正理財目標，延長達到目標實現的年限；二是增加收入。如果既不想壓縮開銷，又要如願完成任務，那就只能想辦法增加自己每月的收入了。

　　如果你不是一個收入彈性很大的人，那還是調整理財目標比較合理。

　　理財是一個漫長的過程，羊兒們要樹立起正確的理財觀念，順利達成人生目標。一定要多存錢、多儲蓄，手頭上有結餘、有能夠運用的資金，才能用錢滾錢、才有辦法抓住投資生財的機會。

　　說到儲蓄，好像壓力很大。其實，就是要養成適當的生活、消費習慣，把握幾個原則就好，要「量入為出」避免「寅吃卯糧」。

　　簡單說就是，不要每個月一進帳就花光，甚至透支。

　　千萬不要小看儲蓄，因為儲蓄也有許多竅門，譬

如：「不等份儲蓄」可以降低利息損失；「階梯儲蓄」增值取用兩不誤；見縫插針賺利息的「時間差儲蓄」；「組合儲蓄」一筆錢可以獲兩次利息：「約定自動轉存儲蓄」能有效避免利息白白流失；「預支利息儲蓄」是負利率時期的最佳應急方式等等。

　　所以，如果有時間的話，羊兒們不妨找一些這方面的書仔細研究，雖然現在只是一些小錢，但積少成多後就是一筆大錢。唯有克服消費衝動、堅持儲蓄才是羊兒最好的理財方式，不妨就從今天開始，做一個有錢的「小金羊」吧！

猴◆運用精明頭腦，搭上財富快車！

　　猴年出生的人機智聰明，什麼困難都別想攔住他們。然而在理財路上，他們還沒完全將自己的精明頭腦運用上來，要搭上財富快車，猴兒們還得更細心、更用心學習和豐富自己的理財知識才行。

第一步→具備投資者需要的基本知識！

　　對於投資工具，不能僅知道一個名詞概念，要瞭解其含義。例如股票是投資者最常聽到的名詞，那麼股票是什麼？還分為哪些類別？在這些理財工具運用中，有哪些常用的交易術語，而其含義又是什麼？這些都是屬猴的人很容易就能掌握的。

第二步→投資組合的技巧！

　　精明的猴兒頭腦靈活，要懂得投資組合的技巧。一個有效的投資組合可以消除本可避免的和無意接受的風險，並且根據慎重選定的市場風險，盡量擴大預

期報酬率。有效投資組合的預期報酬率，高於風險相同的任何其它可行投資組合報酬率，其風險低於任何其它可行投資組合的風險。投資組合可能承受較高的市場風險，短期來看，增加的風險和預期報酬率並不相稱，但從長期來看，冒這種風險可能得到較高的預期利益是很值得的，這樣的投資組合也是好的組合。

第三步→分散投資的利用！

債券建立多元的投資組合以後，可以慎重考慮是否從基本的投資組合中分散投資，並決定何時如何分散投資，要這樣做，有好多方法可以嘗試。債券像股票一樣，可以靠著分散投資大幅度消除個別債券的風險，這樣由中級到低級債券構成的投資組合，扣除所有的利息或無法收回的損失後，仍然能夠提供比高級債券還多的淨報酬。因此，屬猴的人可以靠專門投資中級到低級債券，把扣除風險後的報酬率提高。

第四步→制定明確的投資理財政策策略！

可以選擇一位專業的理財師幫自己打點財務問

題。猴兒應盡量選擇知名度高、有一定影響力的理財中心或理財工作室，為自己制定明確的投資理財策略。

因為這裡一般彙集了銀行的精英理財師，他們會在推銷理財產品的同時，仍會考慮客戶的財務規劃，指導客戶建立正確的投資理念，最終實現穩妥增值的投資目標。

第五步→最重要的理財──投資自己！

對於他們來說，能力和智慧便是最重要的財富。

隨著職場競爭的不斷加劇，有越來越多的上班族感到焦慮與恐慌，一紙畢業證書已經不能滿足工作的需求，新進入辦公室的後起之秀，開始對自己形成了巨大的壓力。

職場中的困境就擺在眼前，對收入不滿足；對工作環境不認同；對個人發展前景不明朗；想跳槽卻發現自己並沒有多少值得炫耀的資本。在這種情況下，除了為自己充電，還有別的選擇嗎？所以要捨得投資自己，主動讓自己「增值」！

雞◆最冷靜的經濟管理者！

　　屬雞的人可謂是最冷靜的經濟管理專家了，他們不像虎年出生的人那麼容易衝動，也不像屬兔的人那樣謹慎小心，冷靜聰明的他們很懂得理財的藝術。在平衡儲蓄、消費、投資的能力是十二生肖中是最為厲害的。

　　雞年出生的人很有經濟管理者的天分，但是他們在投資的過程中，也要注意尋求收益高的穩健型理財產品。

　　開放式基金具有專家理財、收益穩妥的特點，因此，為了增加投資收益，可以將銀行儲蓄轉為風險適中的平衡型基金。這種基金的投資結構是股票和債券平衡持有，能確保投資始終在中低風險區間內運作，達到收益和風險平衡的投資目的。

　　增加孩子教育的早期投入，也是理財的一部分。許多屬雞的人在對子女教育投入上存在錯誤觀念，只

考慮賺錢供孩子將來上學，卻不會在早期就為了孩子的興趣、愛好投入財力。因此屬雞的父母從小就注意如何增加對子女的教育投入，也捨得花「本錢」為孩子選一所教學品質高的學校。

這些早期的投資，能減少將來子女教育的開支，這實際上也是種科學理財的方式。

此外，屬雞的人理財很穩當，如果按照高收益型的思路理財，應該能獲得很好的理財效果。

憑藉家財的增值和新積蓄，也可以考慮投資二手房等。

屬雞的人是天生的策劃家，如果能積極嘗試進行個人創業，不僅能拓寬家庭的收入來源，也是積極理財的有效手段。

如今創業的熱潮正起，在創業環境整體不錯的情況下，雞年出生的你也不是非得走上班族這條路。

如果具備一定創業的條件，就應積極進行創業的嘗試。如果能累積了某一行業的經營經驗或掌握了一門手藝，那麼不妨結合自己的專長，從擺攤、開小店鋪等小本生意做起，逐步走上個人的創業之路，實現

從「打工者」到「老闆」的人生追求。

　　自我防範意識差，應該適當購買保險，增強家庭抗變能力。此外追求時髦，趕潮流是他們的特點。雖說是經濟管理方面的能手，但是一旦面對領導潮流的商品，他們往往容易喪失理智，使得辛辛苦苦賺來的薪資就在追求時髦中一毛不剩。

　　現代人，想好好享樂生活本是無可厚非，但凡事要講究適度。當面對潮流和時尚奢侈品一定要有定力，因為日後的深造、結婚、購車、買屋、個人創業等更需要用錢的地方還多著呢！

狗◆告別盲目理財，做好你的規劃！

屬狗的人忠厚老實但對理財瞭解很少，他們對待錢財使用方面相當盲目，很多時候也不懂得科學的理財方法，常常是有錢就花，沒錢就挨餓。要告別盲目理財的困境，就需要養成良好的理財習慣，制定合理的理財規劃。

以下有六個好習慣幫助屬狗的人走上正確的理財道路。

習慣一：記錄財務情況！

要明確自己的財務狀況，衡量自己的經濟地位，這一點是制定理財計劃的基礎，能夠衡量就必然能夠瞭解，能夠瞭解就必然能夠改變。如果沒有持續、有條理的準確記錄，理財計劃是不可能實現的。因此，在開始計劃之初，詳細記錄自己的收支狀況是十分必要的。一份好的記錄可以使你衡量自己所處的經濟地

位，有效改變現在的理財行為。

除了特別需要注意的是要做好財務記錄之外，還必須建立一個檔案，這樣可以知道自己的收入情況、淨資產、開銷以及負債。

習慣二：明確的價值觀和經濟目標！

瞭解自己的價值觀，可以確立經濟目標，使規劃清楚、明確、真實、並具有一定的可行性。缺少了明確的目標和方向，便無法做出正確的預算；沒有足夠的理由約束屬狗者，就不能達到他們異想天開所期望的2年、20年甚至是40年後的目標。

習慣三：瞭解你的收入及開銷！

常常搞不清楚自己的錢是怎麼花掉的，甚至不清楚自己到底有多少收入。沒有這些基本訊息，就很難制定預算，並以此合理安排錢財的使用，搞不清楚什麼地方該花錢，就不能在花費上做出合理的改變。

所以應當列出常用消費清單，以確保規劃的順利實施。

習慣四：制定預算，並參照實施！

做預算對他們來說不但枯燥、煩瑣，而且好像太專業了，但是透過事先預算，可以在日常花費的點滴中發現大筆款項的去向，也能告別盲目理財的錯誤觀念，對屬狗的人實現理財目標很有好處。

習慣五：削減開銷！

很多屬狗的人在剛開始時，都抱怨拿不出更多的錢去投資，實現其經濟目標。

其實目標並不是依靠大筆的資金投入才能實現。要削減開支，節省每一塊錢，因為即使是很小數目的投資，也可能會帶來不小的財富。

例如：每個月都多存1000元錢，如果24歲時就開始投資，並且可以拿到10％的年利率，34歲時，就有了20萬元。

投資時間越長，複利的作用就越明顯。隨著時間的推移，儲蓄和投資帶來的利潤更是顯而易見。所以開始得越早，存得越多，利潤就越是加倍增長。

習慣六：開始儲蓄，瞭解投資！

購買貨幣市場基金，同時其流動性高，投資者可以不受到期日限制，隨時可根據需要轉讓基金單位，取出所需資金。

剛開始的時候，可從低、中風險投資組合入手，按照存款、債券、基金4：3：3的比例進行組合投資，如果仍有能力，可適量購買商業保險。

豬◆容易失財，
就乾脆把錢交給別人管！

　　豬年出生的人大都比較慷慨，對錢財並不是很在意，他們賺錢一般比較多，但是生活水準卻不見得比收入較低的同事好。因為缺乏計劃性的他們總是不懂如何有效的使用自己的收入，且容易信任別人的他們，也經常因為輕信他人而吃虧。

　　很多屬豬的人只知道辛辛苦苦的賺錢，一旦錢到手了卻反而不知如何有效運用，發揮錢的更大效用。究其原因，「懶」是他們容易失財的罪魁禍首。多數屬豬的人懶得把儲蓄轉化為定期或其他高收益的投資，每年無端損失許多金錢；還有的人懶得去管自己股票帳戶裡被套的股票，甚至發現自己的股票變成水餃股了，才到處問該怎麼辦。讓辛苦賺來的錢從身邊悄悄溜走。既然不懂得如何管理自己的錢財，就乾脆把錢交給別人管，但是該怎麼管？就聽我細細道來。

善用銀行！

由於傳統的理財觀念根深蒂固，多數屬豬的人總在手持現金與銀行存款之間進行選擇。一個人手裡有了些閒錢之後，就不可避免的會面臨兩個問題：一是保值，二是在保值的基礎上做最大限度的增值。

在金融知識較為欠缺、應變能力相對較弱的情況下，銀行在這方面的業務廣泛，所以需要的個人投資理財的顧問和參謀，很容易能在銀行的業務裡找到。

可以選擇基金幫你「管」錢！

美國投資大師彼得・林區說過：「如果你認為自己不能贏過市場，那麼投資共同基金，這樣能省去你許多的時間和金錢。」炒股需要一定的知識，然而買基金也並不是完全不需要基金方面的知識。能夠分清基金的種類，確定自己的預期收益率大小；知道基金有波動，基金追求的是長期平均收益，所以在短時期內不可能讓你暴富。同時，也要明白買了基金也存在著風險，不等於抱著一棵搖錢樹。

讓保險幫你理財！

為了達到良好的理財目標，可以選取具有長期穩定的投資收益、絕對能夠實現理財目標的投資型保險計劃。當屬豬的人已經擁有一筆財富，首要考慮的是資產的保值增值，同時還會想到把這些財富如何傳承給下一代。可以用目前投資收益中的一小部分，購買與現有資產等額的保險，來分擔家庭的風險同時規避贈與稅，讓財富在增值的同時，首先獲得保值。

找個理財師幫你理財！

專業理財師的主要職責，是為個人提供全方位的專業理財建議，保證委託人財務獨立和金融安全。一項調查顯示，約有70％的人希望得到理財顧問指導。

另一項國際調查也顯示，人們在沒有得到專業理財人員的指導和咨詢時，一生中損失的個人財產從20％到100％不等。理財不是高深、專業的事，只要屬豬的人肯花一點時間和心力，再加一點智慧，完全可以從中得到很好的回報。

第五章

十二生肖的弱點全展示！
清除性格缺陷，擊潰弱點！

　　十二生肖各有特質，也都有無法忽略的弱點，這
些弱點限制著你的發展，甚至是影響你成功的最大障
礙。十二生肖的人各有哪些弱點？你知道是什麼影響
了自己潛能的發揮嗎？你想更輕鬆的找到自己的弱
點，以達到自我提升嗎？本章將帶你一起清除不同屬
相人的性格缺陷，成就更輝煌的明天！

給屬鼠之人的忠告：
把目光放高些，你將更成功！

由於老鼠的冷靜和機警，讓他具有敏銳的直覺、遠見和做生意的敏感。智慧出眾，總是忙著制訂自己的計劃。記憶力很好，非常愛提問題，獨具慧眼，在做一筆交易之前，他們早已想好退路，一旦發生不測，他們會迅速且及時的撤退。

防衛的本能在他們的心中是佔第一位的，通常採用風險最小的方案。

然而這套潛藏著的防禦裝置，有時卻成了前進途中的絆腳石，想一下子做許多件事，容易導致精力分散。學著把目光放高放遠一些，你將更加成功！

隨著年齡的增長，老鼠們開始對事物有著更深層次的瞭解。

嬰兒們可以為了雞毛蒜皮的小事而號啕大哭，因為對他們來說，滿足即時的需求才是最重要的。而成

年人則應該有更為廣闊的眼界。

可是不幸的是，就是有一些屬鼠的交易者總是用嬰兒的眼光來審視交易。把每一個交易都變得十分重要，看成生死攸關。

貪便宜是老鼠最大的弱點，要把目光放長遠，首先就要學會放棄蠅頭小利。

如果在某個重大失敗後，你變得煩躁不安，就問問自己「明天、下周或是下個月再看它，還會這麼重要嗎？」如果它們真的很糟糕，那麼就必須轉換自己做事的方式，或是改變自己的努力方向。目光長遠還意味著如果你不能做某事，就不要強求。

要明白，挫折是暫時的。當你證明了自己的方法在大多數情況下都是有效時，你就可以坦然的面對挫折。因為你已經將智慧的使用拓展到將來，你可以去期待自己在長期是盈利的。

也正因為如此，你願意並且能夠容忍損失，對個人和目前不如意的結果，你可以表現得超然大度。

長遠的目光使他們將挫折視為短暫的經歷。只有當挫折是暫時的，它才失去了令人沮喪的威力。只要

目光長遠，即使經歷了一段失意期，成功的他們也能夠保持樂觀的心態。因為他們知道黑暗總在光明前，經過了這些低潮，通常能夠換來豐厚的利潤，所以他們甚至會變得十分興奮。

做生意要從容面對暫時的「失」，學會用長遠目光考慮問題。因為損失是成功不可分割的部分。所以從容應對損失，對肖鼠的人來說就顯得十分的重要。例如餐館老闆如果把損失看成是更多盈利的成本，就不會抱怨說，「我真希望我今天不用購買食材！」也不會埋怨，「我上周為什麼要買那麼多食材？」因為這些支出，都是目光放遠後想賺更多的收益而事先計劃好的，所以他們願意接受。

損失就是交易的支出，只有先接受損失，你才不會耿耿於懷，因為只有失敗者才懼怕損失，而真正的成功者則會坦然接受。只有保持長遠的目光，對損失的擔憂才可能減輕，因為你的焦點已經轉移了。

給屬**牛**之人的忠告：
提高應變能力，切莫過分保守！

　　牛年出生的人責任感強，勤勉踏實，所以工作中很受上司的讚賞和信賴。即使工作中發生一些困難，他們那堅強的耐力也會突破難關堅持到底。屬牛的人是工作狂，他們是那種努力工作以獲得利益和成果的人，他們處事保守穩妥，但不肯把自己的心情坦白說出來，所以旁人也很難理解他們。

　　穩定、勤勉、富於創意、注意實際等都是他們的優點，但是一談到思維方面的特徵時，屬牛的人就如牛給人的聯想般顯得厚重、緩慢又極端固執。

　　最大的缺點是缺乏通融性、應變能力差、不接受朋友的忠告，最後往往變成固執己見、獨斷專行。

　　牛牛是個重視傳統觀念的人，所以必須改掉這些缺點，提高自己的應變能力及多體諒別人的心情。

　　屬牛的人不善明顯表達自己的情感，處事十分保

守低調，只是懂得兢兢業業工作，所以在人際交往方面總顯得有些欠缺。

他們在感情方面也較為保守，喜歡以安靜的間接的方式表達，所以很多時候總是因為被動、保守而失去表達自己愛情的機會。

如果能把自己保守的思想丟掉，試著多接受一些外向活潑朋友的觀點。雖然保守低調有時候是穩重的表現，但是更多的保守會給人一種死氣沉沉，毫無生氣的感覺，相處起來如同沒味道的白開水。

所以，應當在平時多看看幽默笑話，嘗試時尚耀眼一點的衣服，試著從生活的小細節裡，改變自己過分保守的思維習慣。

牛的牛脾氣也是許多人都不敢恭維的，他們發起怒來便猶如一隻粗暴的蠻牛，使人不敢接近。這種不穩定的性格，有時會把辛辛苦苦建立起來的形象破壞掉。他們對人的喜、惡分得清楚，絕不會勉強自己和不喜歡的人交往，可是內心又有領導別人的慾望，所以對依賴自己的人會照顧得相當周到，然而也會因為越在意，就越容易出現火冒三丈的局面。

　　如果能適當收斂自己的倔強，遇到問題不要太固執，試著聽聽別人的看法，靈活應變，或許會有意想不到的收穫哦！

　　牛年出生的人，一生的運勢很明顯是屬於大器晚成型，而且由於自尊心強，外表雖溫和，內心卻有強烈的自我表現慾，不適合「默默無聞」的工作，所以過分保守傳統並不利於牛牛的事業發展。屬牛的人要多跟頭腦靈活的肖鼠者、肖猴者接觸，鍛煉自己隨機應變的能力，改變自己一成不變的習慣，嘗試讓自己的生活豐富起來，給工作本身也多增加一些嶄新的元素。同時平常多跟同事朋友打交道，靈活駕馭人際關係，不要只埋頭於工作。

　　在這個關係和能力並存的社會，一個人就算能力和成績都很不錯，也很可能會因為人際關係不及格而出問題的。

給屬虎之人的忠告：
自大並不是好事！

屬虎的人是一個誠實、柔情和慷慨的人，而且有奇妙的幽默感。他們愛玩、熱情、感情豐富，有強烈的正義感，非常討厭拐彎抹角。不過，為了日常生活過得順利、平安，有時必須配合社會上的一些人情世故。但是，依他們的個性卻無法做到這一點，即使對方是他們的上司，只要他們認為對方有什麼錯誤，便會理直氣壯的提出批評。這裡給老虎們的忠告就是，改掉自大的毛病，與同事和朋友和諧同在一條「戰線」上才是明智的。

在老虎的眼中，流行、時髦都是勢利心作怪。

但總認為自己是創新的人，是制定規範的人，而虎的步調總是偏向於超越時代之前，不喜歡追隨現下的潮流。

他們是執著從事事業的人，即使是上刀山、下油

鍋也不會令其退卻。而且深受氣躁、魯莽的朋友與伴侶的吸引，因而常使自己陷於一群狂人之中而無法抽身。驕傲、自信讓他們倍感振奮，也因此他們具有與眾不同的吸引力，但不是所有的人都受得了他們的自命不凡。

屬虎者想要保持誠實，不過有時周圍的環境會迫使他們犯些小錯。

他們無法忍受權威或任何不公平的法律。他們憎惡不公，會拚命為自己的想法申辯，他們有天生的權威感，希望自己身居高位，掌握權力。但因好動與喜愛改變的天性，讓許多屬虎的人飄蕩不定，到五十歲可能還找不到適合自己的重要職位。

而和諧的同事關係對工作不無裨益，不妨將同事看成工作上的伴侶、生活中的朋友，千萬別在辦公室中板著一張臉，讓人們覺得你自命清高，不屑於和大家共處。

驕傲與自大一向是阻礙人們成功的最大敵人，每個人都難免被它打敗。但是每次當自己取得一定的成績時，就會有種飄飄然的感覺，這時甚至會覺得自己

之前做的很多事情，都是這次能夠成功的原因。

老虎們獲得成功的時候，容易產生得意洋洋的情緒、趾高氣揚，認為自己高人一等，這可是職場的大忌。要懂得與同事相處的第一步便是平等，不管你是職高一等的老手還是新近入行的新手，都應摒棄不平等的關係，心存自大或心存自卑都是同事間相處的大忌。

喜歡批評，總是不顧別人愛不愛聽就說出自己的直率觀點，這並不是件好事，有時候要學會「溫和的自大」學會真誠待人。遇到問題時一定要先站在別人的立場上為對方想一想，這樣常可以將爭執淹滅。

不溫和、有攻擊性的自大是需要沒有被滿足的表現，而在攻擊他人的過程中，自大會被暫時的滿足。但是，這種滿足潛藏著危險，因為攻擊的後果，就是遭受到反擊。

屬虎的人如果在自己的自大中加入溫和親切的成分，就不會讓人感到威脅，也不會惹人討厭，反而有超凡的魅力，容易獲得他人的尊重和喜愛。

給屬兔之人的忠告：
得過且過的你，必將一無所獲！

就像神話中所說的，兔是長壽的象徵，是月亮的精靈。兔年出生的人是十二屬相中最走運的人之一。貪圖安逸、厭惡衝突的特質會給他們帶來弱者、機會主義和自我放縱的壞名聲。如果讓他們來選擇生活道路，一定會選擇安逸的生活方式。不過，這樣得過且過的你，將失去許多成功的機會！

兔子們得過且過的態度，說起來，有一種超脫世俗的高雅，然而從其本質來看，也是一種散漫、不負責任的態度。在我們的周圍，不難發現有許多屬兔的人都持這樣的態度。

他們大多沒有居安思危的意識，易安於現狀而「遺忘」了更遠大的追求；他們習慣於在自己那小小的生活舞台裡故步自封而不想、也不願有大突破，就像井底的青蛙，只喜歡在自己困守的狹隘空間裡夜郎

自大，卻不知外面的天地更廣闊。

很多人害怕自己無法適應未知的生活，害怕自己在激烈的競爭中被淘汰，所以不如過現在的生活，即使沒有大的作為，起碼還能維持現狀。

屬兔的你，這種心態將侵蝕、吞噬了你積極進取的精神。許多屬兔者聰明過人，但是一生卻沒做出什麼大事業。究其原因，最主要的就是得過且過的思想在作祟。在這種心態的作用下，什麼理想、什麼抱負都不過是空想而已。

還有些人從小就很有壯志，經常立志，但是做事往往是三分鐘熱度，堅持不到最後。

古人云：「種瓜得瓜，種豆得豆。」付出辛苦的勞動，收穫的將是纍纍的碩果；好逸惡勞，結果只會虛度光陰、一無所有，在日薄西山之際無奈發出「少壯不努力，老大徒悲傷」的感慨。

所以，還是要懂得耕耘和努力，不能再這樣得過且過，蹉跎自己的滿腔熱情了。

很多屬兔的人都有做事馬馬虎虎的習慣，對事情的處理往往得過且過，認為一個人沒有必要事事都太

計較。對事情的處理在習慣上常常給人「迷糊」的印象，然而他們又與真正的「迷糊」有著不同。

　　他們不是力不從心，而是一種有意識的不認真，這種不認真一旦在他們身上已經形成習慣，那麼面對需要的時候，持有這種態度的人，就不可能將所面臨的事情做好。無論是什麼事，只要認真去做，那麼就有可能做成。如果缺乏認真的態度，那麼即使是可以成功的事情，也會因為這種態度而喪失成功的機會。

給屬龍之人的忠告：
盛氣凌人終會讓你感受孤單！

屬龍的人寬宏大量，充滿生氣和力量。儘管以自我為中心，偏見、武斷、異想天開，要求極高或蠻不講理，但從未失去過崇拜者。也由於驕傲、清高、非常直率，在一生中很早就樹立了理想，並要求其他人也要具有相同標準，所以常常盛氣凌人、頤指氣使。屬龍的人常常是快活的，即使陷入憂愁時也能馬上掙脫出來。不過，因為盛氣凌人、清高自大的缺點，所以「孤單」卻常找上他們，總是「形單影隻」！

屬龍的人異常積極，對於需要馬上辦的事情會親自去辦，或者盛氣凌人的要求下屬或者關係好的人去做，而且事情要按照他的意思去辦。

在與龍接觸中，他們的熱情和果敢能激發每一個人的熱情，但是他們的清高和苛刻卻總讓人受不了。

屬龍者的自命清高，常給人故弄玄虛，賣弄做作

的印象，是想到、説到、做不到，好高騖遠、不務實的代表。

很多人覺得他們的盛氣凌人最具欺騙性，説得天花亂墜，往往能打動不少人，但其實做起事來，卻沒有多大的能耐。

這種個性讓很多人不喜歡，所以不願與之為伍的人就多了，就算屬龍人真的是很有能力，也會因為盛氣凌人的個性而成為話柄。

屬龍人有做大事的潛力，因為他們喜歡大刀闊斧的做事情。然而這樣也讓他們的性格容易變得狂熱，不管做什麼事情總是大張旗鼓，顯得「雷聲大，雨點小」，讓人不想與之共事。

與強大的龍競爭是很難的，甚至是不可能，他們常用恫嚇的手段來威脅敢於向自己挑戰的人。如果是那種非常粗暴的龍，極可能會有很強的摧毀力。這種個性使他們容易與人結下樑子，所以在人緣方面，有的朋友好到不行，有的卻冤家路窄。

想維持良好的人際關係，在職場上獲得更多競爭優勢，還是要注意放低自己的姿態。

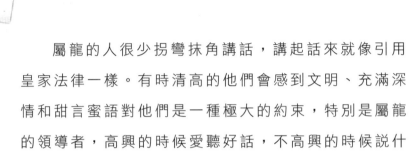

　　屬龍的人很少拐彎抹角講話，講起話來就像引用皇家法律一樣。有時清高的他們會感到文明、充滿深情和甜言蜜語對他們是一種極大的約束，特別是屬龍的領導者，高興的時候愛聽好話，不高興的時候説什麼彷彿都是錯的。

　　當龍被激怒的時候特別粗暴、無禮，並完全不體諒別人。所以，還是盡早改了説話直接又不中聽的壞脾氣，學著謙虛謹慎一點才能讓人喜歡。

　　不要以為別人跟你一樣不介意，與人相處的時候一定要注意自己的態度。當龍惱怒時很固執，不理智並很專橫，但發作之後就能原諒別人，他們也希望別人能原諒自己，可是別人不會跟你一樣不介意。有時龍會忘記道歉，這看來似乎很沒禮貌，不過實際上是他們真的沒有時間為自己做解釋，因為龍只想開始工作。

　　清高是優點還是缺點因人而異，屬龍的你特別要掌握好自己清高的火候，讓人誤會你是裝腔作勢、扭捏作態就不妙了。

給屬**蛇**之人的忠告：
找到你的方向，不要左顧右盼！

由於具有天生特有的智慧，屬蛇的人是一個天生神秘主義者。他們經常依靠自己的判斷行事，與其他人不太會進行推心置腹的交流，疑心病相當重，寧願相信自己，也不會聽從別人的勸告，然而別人的話卻時常影響著他們。左顧右盼、猶豫不決常常是屬蛇者事業發展的致命弱點。屬蛇的你若是改掉這個致命弱點，找到自己的人生方向並且持之以恆，必能收到極好的回報。

面對求職、擇業等人生重大抉擇時，蛇總是左右不定的，迷惘讓他們找不到方向，也看不到未來的發展道路，不能全心投入工作中。

屬蛇的人該知道，不及時告別迷惘，你的職業生涯將是灰暗而沒有前途的。

迷惘三天可以，三天以後，要開始認真做自己的

事情，然而有時候會迷惑、搖擺很長時間，直到壓力逼迫自己隨便選擇一個方向去奮鬥。泰戈爾說：「當你失去太陽時而流淚了，那麼你也將失去群星。」屬蛇的人要丟掉患得患失的毛病和時常後悔的習慣，要盡可以慢慢規劃長遠的目標，累積執業過程中需要的知識和技能。

蛇是不善於做決定的屬相，他們並不是不想做選擇，而是把疑心隱藏在心中，把自己的秘密也隱藏在心中，表裡不一。

在安靜的外表背後，其實隱藏著的一顆時刻警惕的心。其實從一進學校就開始想著自己以後將從事什麼職業，對什麼事業感興趣，但是往往到最後真正面臨人生的十字路口時，卻匆匆忙忙做出何去何從的決定。

而可以用來仔細權衡和考慮的時間，往往被他們用來搖擺不定、左顧右盼。

蛇的內心豐富，瞬息萬變，很難堅持和認定某項事物，這跟他們內心深處的懷疑精神有很大關係。

像龍一樣，蛇屬相也象徵著他們的命運。一生將

以凱旋結束，或以悲劇告終，這一切都由他們的行動主宰，由他們的選擇預示。

預言他們將會變成什麼樣子或會發展到什麼程度都是靠不住的，因為他們那電腦般的頭腦從未停止過策劃。

其實在決定從事某個職業之前，屬蛇的人既不必羨慕別人的迅速竄紅，也不用被所謂穩定的鐵飯碗職業所迷惑，因為屬蛇的人是厚積薄發型，只要努力，你的碗會變成金飯碗。

浮躁是這個時代的表徵，什麼都要快。不要把什麼都看得重如泰山，守著一個要做一輩子的職業，左顧右盼，搖擺不定，今天想這個，明天想那個，後天卻抱怨和迷失方向。

是真的時運不濟，沒有機遇？還是你缺乏長遠的眼界？改掉猶豫不決的習慣，你要好自為之！

給屬馬之人的忠告：
要成為千里馬，你需練耐性！

屬馬的人們精力充沛，活潑熱情。有很多優點：自信心強，待人和氣，有代理能力和理財能力。但是弱點也不少，急躁魯莽，遇事急躁，性情固執，雖然脾氣火暴，但事過之後也會很快就忘記了。他們最根本的弱點，還是缺乏耐心。要成為千里馬馳騁天下，馬兒還得練練你的耐性！

馬兒沒耐性不是一天、兩天的，他們總是躊躇滿志，但實施效果卻總是不盡如人意，特別是每當有重大事情需要解決時。

常滿足於微小的成績，並陶醉於其中，而且經常健忘，做事漫不經心，有時文不對題。馬兒總是要求別人跟自己一樣快速的工作，得不到滿意的效果時便牢騷滿腹，面露不快。這麼沒有耐心和恆心的馬，要成為千里馬，還需苦苦修煉才行！怎樣培養耐心呢？

送你兩個字——「控制」。只要能控制住自己的心，什麼都能解決。要慢慢的學會控制自己，調整自己的情緒，學會換位思考，別再急性子橫衝直撞了。

下面有幾招，幫屬馬的你，找到你的耐心！

保持重點！

一次只做一件事情，一個時期只有一個重點。聰明的你要學會抓住重點，遠離瑣碎。對於以急性子著稱的屬馬者來說，做好時間管理不僅意味著豐厚的經濟利益，更能令自己的事業突飛猛進。而急於求成、貪快求全、一心二用，這樣不能達到合理應用時間的作用，有時候還事倍功半。

一次一件事，你才能慢慢提升耐心。

把精力用在最見成效的地方！

重要的事情用高效的原則處理，在自己最精力充沛的時候做重要的事。許多表格、檔案都可以藉助電腦快速完成；避免在容易塞車的時段乘車、購物、進餐，可以節省許多時間；要學會限制時間，不要被無

聊的人纏住，也不要在不必要的地方逗留太久。

只有學會說「不」，才會得到更多的時間，做更重要的事情。

不要拖，現在就去做！

馬兒們習慣於「等候好情緒」，花費很多時間以「進入狀況」，卻不知狀況是做出來而非等出來的。請記住，栽一棵樹的最好的時間是20年前，第二個最好的時間是現在。把立即去做當做自己的口頭禪，是最好的選擇。

時間觀念的培養！

生活中隨時可以培養時間觀念。比如吃飯，你可以規定他們半小時內吃完一餐飯，並在他們看得見的地方放個小時鐘，讓他們看著。或是看電視的時候給他們規定一個時間，等時間快到的時候，就提醒他們還有10分鐘，等到還差5分鐘的時候再次提醒，直到最後時間終了。生活中的一些小事可以規定時間讓自己完成，最好加上經常用鬧鐘幫自己作為監督。

給屬羊之人的忠告：
不甩掉悲觀，你將很難快樂！

　　屬羊的人最富有溫情，極有同情心，希望周圍能有更多的朋友。但他們性格憂鬱，多愁善感，看問題時目光也總是憂暗的，把事情想得很糟。羊兒期待別人用強烈高昂的情緒去驅散他們內心的陰暗，期望周圍的人給予自己熱情和支持。所以，該告訴身邊的小羊，不甩掉悲觀，快樂將很難降臨到身邊。

　　羊兒的缺點之一是一遭困境的打擊，就不容易擺脫苦惱，別人早已忘記了羊兒的不幸，而他們卻還深深陷在痛苦之中。

　　但是儘管如此，羊的一生中不必為謀生而艱辛勞作，好事總會自然來到他們的身邊。

　　屬羊的人喜歡豪華與安定，以至情緒受到周圍是否和諧的環境影響，他們在寬敞明亮、空氣清新、佈置淡雅的房間裡，是可以保持愉悅的心情的。

然而屬羊的你，最重要的還是要自己把悲觀的陰霾換成樂觀的晴朗。樂觀可幫助你減輕壓力、消除緊張，透過心理調整生理，促進生理機制的正常運作，使身心達到最好的狀態。

很多時候，失敗的本身並非不能讓人接受。

不能讓人接受的是，我們明明可以避免失敗而成功的。「生活是我們忙於制定其他計劃時所發生的一切。」當你在悲觀的烏雲裡不知所措的時候，就會錯過生活中許多彌足珍貴的美好。

許多羊兒總是將生活過得如同是為了以後某一日的彩排，然而實際上它並不是如此。沒有人能保證明天的世界還是現在這個樣子，現在是你所擁有的唯一時間，也是能夠加以控制住的唯一時間。當屬羊的你把注意力集中在現在時，就能將對未來的恐懼從頭腦中消除。由悲觀所引發的另一個缺點，就是做事猶豫不決。還有，羊兒無法將自己的收入、花費在適當的地方，容易亂花錢。

羊年出生的人一定要學著用樂觀的心態看世界，這樣才比較容易過著心平氣和、幸福快樂的生活。

　　某程度上，你心靈平靜的程度，取決於你能否活在當下。

　　要記住，無論昨天或去年發生了什麼，明天也是未知的，而你身處現在，永遠如此！用心另眼看世界吧。這世上不是每個人都很順利，只是看自己怎麼解決。比如你走路的時候被人撞了，人家向你道歉了，但是你還是會覺得很火，卻沒想到撞你的人，心裡其實可能比你還難受。

　　還是多想想那句老話，「開心也是一天，不開心也是一天，何不天天開心」。

　　要懂得用忙碌來調節自己的心情。想到心情不好就不開心，那就不用想它，如果還是想，那就讓自己忙起來，忙到沒有空閒去想它，讓自己充實的過好每一分鐘，當早晨醒了以後不要賴床，醒了就起來，忙起來，推開窗，呼吸清晨的新鮮空氣，放鬆全身，把自己想像成一個快樂的小天使。

給屬猴之人的忠告：
你必須改掉的6個壞習慣！

　　申猴屬相的人具有強烈的進取心，他們從小就勤學好問，將聰明智慧首先傾注在學業和事業上，聰明的他們似乎能克服世界上所有的困難。然而他們也有一些不可不改的缺點和壞習慣，這些看似微小的壞習慣，會慢慢腐蝕通往成功之門的鐵橋！來看看，屬猴之人必須改掉的六個壞習慣是哪些？

壞習慣1：因為興趣丟了責任！

　　對工作講究興趣，只要手上的工作讓他產生興趣就一切好說，如果做的是沒有興趣的工作，很可能出一大堆麻煩。

　　不願意做的事，可能馬馬虎虎，掉以輕心。但是對於有興趣的工作，他們會全心投入，不怕艱難，不顧干擾，非取得成功不可。

　　這個把興趣放在第一位的做法，讓屬猴者吃了不

少虧，所以必須改掉。

壞習慣2：不太善於處理上下級關係！

上級的批評及懲罰，無法對屬猴的人有作用，反而會使情況變得更糟。

屬猴者對上級的訓導常常是左耳進，右耳出，他們總認為別人的話不是真的，甚至認為是可笑又無根據的。他們自我保護意識強而且敏捷，和上司相處起來也總顯得很不老練。要改掉這些壞習慣，好好與你的上級相處才會有更多成功機會！

壞習慣3：不懂理財，愛花錢！

抓住機遇便能創造財富，於是花錢從不小氣，故難以節約開支，需要有人在生活上管住他。理財這一點，屬猴的你也要多多注意才是。

壞習慣4：優越感強，愛慕虛榮！

強烈的自我優越感，讓他們對別人不是很尊敬，思考總是從自己的利益出發，過多考慮自己的得失，

容易變成自私又虛榮的人。

屬猴者會產生很強的嫉妒心理，每當別人有進步或有的東西是他們沒有時，這種嫉妒心更容易表現出來。

嫉妒是長在心底的毒瘤，千萬要學會保持平常心態待人，不可因為嫉妒而害了自己！

壞習慣5：太精明反而失了「人氣」！

屬猴的人很精明，只是用得不當，總想以誘惑人的手段行事，總是尋找既不花錢費力，又能撈到便宜的事去做，所以很難贏得人們的信任。

人們對猴兒過分聰明的建議反而感到懷疑，懷疑他們是否有什麼不單純的目的。

屬猴的你不妨學學大智若愚的智慧，不要在什麼事情上都表現出那麼精明。

壞習慣6：善於批評，從不「口」下留情！

善於批評人，會對差錯之處提出尖銳批評，並能提出可行建議。當然，用什麼手段或方式提出，取決

於個人的修養與水準。

　　猴兒們說話幽默、很會應付人，從來不會手下留情。他們常會不費力氣與口舌便能達到自己的目的，對別人的利益是否受到侵犯不太在乎，這也就是他們缺點之一。

　　應該學會對人、對事要在嚴肅認真的前提下，為人際方面的和諧多著想，不要隨便得罪人，要知道人脈對你來說也是相當重要的。

給屬雞之人的忠告：
越是愛慕虛榮，你失去的就越多！

屬雞的人有不少值得一提的優點：精明強幹、組織能力強、嚴肅認真、待人直率、遇事果斷等。他們是卓越的表演家，常常是活動的中心人物，也總那麼光彩照人。但是他們是非常愛慕虛榮的，喜歡被人誇耀，愛出風頭而且自私。他們不願承認自己的錯誤，對批評非常敏感。總是想辦法從各個方面下手，要讓自己的對手名譽掃地。要知道，越是愛慕虛榮，你得到的就越少，失去的就越多！

雞年出生的人相貌姣好，特別是男子，英俊挺拔，總為自己的相貌而驕傲，愛顯示自己。

人們不會看到他們有懶散的樣子，他們總是昂首挺胸，端莊而尊貴。即便雞年出生的最怕羞的人，在眾人面前也仍顯得精幹、靈秀，顯示出自己的個性氣質，因為他們有一顆最難纏的虛榮心。

　　心理學認為，虛榮心是自尊心的過分表現，是為了取得榮譽和引起普遍注意而表現出來的一種不正常的社會情感。

　　在虛榮心的驅使下，往往只追求面子上的好看而不顧現實的條件，最後會造成危害。虛榮心使其愛與人吵架，總想表現自己的知識淵博，從不顧忌別人的感覺如何。

　　但一旦鬥敗，他們的方式是向每個人訴說自己的觀點，使人們相信自己而站到自己這一邊來。很多人覺得屬雞的人自尊心強，難以相處，其實這也跟其嚴重的虛榮心有關係。

　　所以要努力克服這扭曲的自尊心，摒棄自己的虛榮感。屬雞的人喜歡與人爭論，會千方百計的固執己見，相信自己正確，只承認自己的優點，不承認任何缺點。在強烈的虛榮心支使下，有時會產生可怕的動機，帶來非常嚴重的後果。

　　因此，虛榮心是要不得的，應當克服它。

　　還有，要避免與人爭執，有時候學會退讓更能讓自己得到別人的尊重。也要學會正確對待輿論，因為

虛榮心和周圍的輿論密切相關。別人的議論，他人的優越條件，都不應當是影響自己進步的外因，能起決定作用的是自己的努力。只有這樣的自信和自強，才能不被虛榮心所驅使，成為一個有內涵的人。

屬雞的人對穿戴的選擇很挑剔，喜歡引人注目。他們有時把自己的家庭和辦公室裝飾得過於花俏，也特別看重頭銜與獎章，會去力爭至少有一次能獲得獎章的機會，或者一項職業上的頭銜，即使在戰爭中，他們也要爭得一枚勳章。這麼愛慕虛榮，爭強好勝，不免引起旁人的不滿和怨恨。

樹立崇高理想，應該學會追求內心真實的美，不圖虛名。因為很多人能在平凡的崗位上做出不平凡的成績，就是因為有自己的理想。所以，要做到自知之明，也就是能正確評價自己，既看到自己的長處，也能看到自己的不足。

時常將如何消除「實現與理想」間存在的差距，作為主要的努力方向。

給屬狗之人的忠告：
告別盲目，成為有遠大理想的狗兒！

　　屬狗的人是忠誠的戰士，處事保守、生性小心謹慎。儘管外表看起來情緒高昂，但內心世界存留著一塊悲觀厭世的天地。他們會為那些不必要擔心的事情而焦慮，猜想著世界上每個角落都可能潛伏的危機。這樣的特性，導致狗兒們做事帶著極大的盲目性，好不容易下定的決心就被迷茫所侵襲。屬狗的人應當樹立遠大的目標，讓理想成為行動的動力，這樣才不至於茫然失落，在盲目中喪失行動的主動性。

　　他們一般為人坦誠，不裝腔作勢、好打不平、願意聽人向自己陳述苦惱之事，以分擔他人的不快。因此，屬狗者很懂得怎樣與人和睦相處。

　　他們厭惡道德的墮落，不管在什麼形勢下都會起來與惡勢力抗爭，一旦什麼地方出現呼救信號，他們會全力以赴。

但是學習、工作、理財等方面卻缺乏科學理性的思維做引導，過分小心謹慎往往成為盲目、優柔寡斷的藉口，行動方面也相對遲緩，導致很多事情做得讓人無法理解。

由於有忠誠的個性，屬狗者常從事以服務他人為宗旨的職業。因為他們不會去犯罪，不尋求利益，只想要安靜的生活與一個好家庭，並由此而忘卻塵世的醜陋與邪惡。

屬狗的人常常幫助別人而忘了切身的事，不會留意自己的利益，而一旦發現自己被狡詐的人出賣後，會覺得震驚又受傷。

屬狗者要從現在開始進行目標管理的生活和工作模式，隨時隨地提醒自己，前方還有重大的任務等著自己去完成。

只要有明確的目標，並且有向著這個目標前進的動力，不管現在是多麼的不順，多麼的苦惱，也不必為未來擔心。

人生在世，就好像在爬山，路上的辛苦是一定有的，但是當你克服重重的難關，到達山頂時就是一種

成功。所以，不管現在的境況怎樣，也不要迷惘和憂鬱，要堅定朝著自己的既定目標前進，直到到達目的地。

要相信自己，這樣才能把握機會，創造未來。首先，要正確看待自己。尋找自己的長處，想辦法讓自己的長處得以發揮，這是最基本獲得自信的條件。

只有這樣才能盡可能的品嚐到成功時的滿足感，那麼才能建立起自信。

如果一再的認為自己不行，而什麼都不去做也不敢做，行動盲目會導致惡性循環。

其次，要清楚自己的優勢與特長，劣勢與不足，知道自己適合做什麼，只有這樣才能贏得競爭優勢。

為此，我們首先要準確評估自己掌握的知識和技能；其次要善於剖析自己的個性特徵，這是確立目標的基礎。

給屬豬之人的忠告：
請你一定要小心人際陷阱！

　　屬豬的人是物質主義者，但是他們不吝嗇，喜歡與別人分享自己的所有。這樣，在為別人付出時，其實自己也會從中受益。屬豬的人容易上當，很容易相信別人，引起自己陷入人際危機的情況，往往也是由於自己過分慷慨造成的。

　　他們待人寬宏大度，對別人的錯誤採取既往不咎的態度。因此總能與人保持親切關係。雖然屬豬的人不會搞陰謀詭計，但自己也還是要學會提防別人，畢竟「防人之心不可無」，一定要小心身邊的人際陷阱才能好好保護自己。

　　他們較易輕信別人和所說的事，包括那些僅有一面之交的人。有時因太誠實、天真，而成為狡詐之人的犧牲品。容易受蒙蔽而失去錢財，所以他們不宜掌管財務，因為心腸太軟，抓不緊錢袋。屬豬者一生會

保持以忠誠、為人著想的品格待人，維持與朋友的珍貴友情。人們可以充分信賴他們。但是社會是個複雜的群體，屬豬者自己不喜歡計謀並不代表其他人也是單純、沒有心機的，自己應該充分知道這點。

在職場中，必須與各種人打交道。這些人品行不一、興趣不同、價值觀念也不一樣，若只是一味掏心與之交往，最後受損失的會是自己。好惡有別，有些人是不足與謀的，應當小心各類人際陷阱。

屬豬的人眼光較淺，通常只看眼前。也許正因為這個特點，反倒讓他們能較早從痛苦的時候解脫出來，因為他們從不把災禍看得過重。

當屬豬者對好朋友提出的要求無法滿足，或幫助朋友力不能及時，他們不是面對現實，而是會極度的沮喪、失望。

他們相信宿命論，當自己一無所有時，會變得非常厭世，自我放任，由此走向沉淪的深淵。

屬豬的人若處在可以幫助別人的地位時，決不會袖手旁觀。這種品格，使他們能深受人們尊敬，同時也令他們自信，而不斷創造出一個又一個奇蹟來。

他們有騎士般助人為樂的良好品格，替人承擔棘手工作，也不會有絲毫的抱怨；當朋友遇到危難時，他們會挺身而出。如果世間對別人不公，或當別人受到致命打擊時，只要找到一位屬豬的朋友幫忙，他們會耐心聽別人傾訴苦衷並拔刀相助。

但是也因為如此，容易被小人利用。應該謹慎為人，說話做事之前不要光憑一腔熱血和好打不平的仗義，三思而後行才是最穩妥的。職場中充滿了競爭，並且講求團體的合作與和諧相處，由於屬豬者自身的行為習慣以及認知上的偏差，若沒有及時注意，常會替自己佈下了人際陷阱，如果無法處理好與上司及同事的關係，會對工作和前途帶來負面的影響。

讀品文化
Spirit Surprise 讀者回函卡

> 謝謝您購買這本書。
> 為加強對讀者的服務，請您詳細填寫本卡，寄回**讀品文化**，並將務必留下您的E-mail帳號，我們會主動將最近「好康」的促銷活動告訴您，保證值回票價。

書　　名：12生肖密碼完全大破解
購買書店：＿＿＿＿＿＿市／縣＿＿＿＿＿＿書店
姓　　名：＿＿＿＿＿＿＿＿＿＿＿＿
身分證字號：＿＿＿＿＿＿＿
電　　話：(私)＿＿＿＿＿＿(公)＿＿＿＿＿＿(傳真)＿＿＿＿
E-mail：＿＿＿＿＿＿＿＿＿＿＿＿＿＿＿＿＿＿＿
地　　址：□□□＿＿＿＿＿＿＿＿＿＿＿＿＿＿＿＿＿
年　　齡：□ 20歲以下　□ 21歲～30歲　□ 31歲～40歲
　　　　　□ 41歲～50歲　□ 51歲以上
性　　別：□ 男　□ 女　　婚姻：□ 已婚　□ 單身
生　　日：＿＿＿年＿＿月＿＿日
職　　業：□ 學生　　□ 大眾傳播　□ 自由業　□ 資訊業
　　　　　□ 金融業　□ 銷售業　　□ 服務業　□ 教
　　　　　□ 軍警　　□ 製造業　　□ 公　　　□ 其他
教育程度：□ 國中以下（含國中）　□ 高中以下
　　　　　□ 大專　　□ 研究所以上
職 位 別：□ 在學中　□ 負責人　□ 高階主管　□ 中級主管
　　　　　□ 一般職員 □ 專業人員
職 務 別：□ 學生　　□ 管理　　　□ 行銷　　□ 創意 □ 人事、行政
　　　　　□ 財務、法務　　　　　□ 生產　　□ 工程
您從何得知本書消息？
　　　　　□ 逛書店　　□ 報紙廣告　□ 親友介紹
　　　　　□ 出版書訊　□ 廣告信函　□ 廣播節目
　　　　　□ 電視節目　□ 銷售人員推薦
　　　　　□ 其他
您通常以何種方式購書？
　　　　　□ 逛書店　　□ 劃撥郵購　□ 電話訂購　□ 傳真訂購
　　　　　□ 團體訂購 □ 信用卡　　□ DM　　　　□ 其他
看完本書後，您喜歡本書的理由？
　　　　　□ 內容符合期待　□ 文筆流暢　□ 具實用性　□ 插圖
　　　　　□ 版面、字體安排適當　　□ 內容充實
　　　　　□ 其他
看完本書後，您不喜歡本書的理由？
　　　　　□ 內容不符合期待　□ 文筆欠佳　　□ 內容平平
　　　　　□ 版面、圖片、字體不適合閱讀　□ 觀念保守
　　　　　□ 其他＿＿＿＿＿＿＿＿＿＿＿＿＿＿＿
您的建議
＿＿＿＿＿＿＿＿＿＿＿＿＿＿＿＿＿＿＿＿＿＿＿＿＿＿
＿＿＿＿＿＿＿＿＿＿＿＿＿＿＿＿＿＿＿＿＿＿＿＿＿＿

剪下後請寄回「22103新北市汐止區大同路三段194號9樓之1讀品文化收」

廣告回信
基隆郵局登記證
基隆廣字第 55 號

2 2 1 - 0 3

新北市汐止區大同路三段 194 號 9 樓之 1

讀品文化事業有限公司

編輯部　收

讀品文化
Spirit Surprise

為你開啟知識之殿堂